Brot & Brötchen

© Naumann & Göbel Verlagsgesellschaft mbH, Köln
Alle Rechte vorbehalten
Einleitung: Dr. Jens Dreisbach
Rezepte und Rezepttexte: Edina Stratmann; außer S. 116–125: Verlagsarchiv
Rezeptfotografie und Fotos der Einleitung: Edina Stratmann; außer S. 3 und 116–125: TLC Fotostudio
Gesamtherstellung: Naumann & Göbel Verlagsgesellschaft mbH
ISBN 978-3-625-13390-2
www.naumann-goebel.de

Brot & Brötchen

Inhaltsverzeichnis

Ein Geschenk des Himmels

Brot und Salz sind die traditionelle Geste gegenüber neuen Nachbarn. Brot und Spiele schenken dem Sprichwort zufolge viele Herrscher dem Volk, um es zu besänftigen. Brot – dieser Ausdruck steht sinnbildlich für Essen überhaupt, denn Brot ist das Grundnahrungsmittel par excellence. Und das weltweit, abgesehen von Asien, wo dem Reis diese Rolle zukommt. Auf nichts also können die Menschen rund um den Globus so schwer verzichten wie auf Brot.

Als Manna, als himmlisches Brot, spielt es schon in der Bibel eine ganz besondere Rolle. Es fällt buchstäblich vom Himmel und dient den Israeliten als Wegzehrung bei ihrem Auszug aus Ägypten: „Als sich die Tauschicht gehoben hatte, lag auf dem Wüstenboden etwas Feines, Knuspriges, fein wie Reif, auf der Erde. Als das die Israeliten sahen, sagten sie zueinander: Was ist das? Denn sie wussten nicht, was es war. Da sagte Mose zu ihnen: Das ist das Brot, das der Herr euch zu essen gibt" (2. Buch Mose).

Drei Komponenten – unendlich viele Variationen

Brot besteht aus mindestens drei Komponenten: aus gemahlenem Getreide, also Mehl, einer Flüssigkeit, meistens Wasser, und einem Triebmittel, in der Regel Hefe. Aus der Kombination dieser drei Grundzutaten und unendlich vielen möglichen weiteren Zutaten ergibt sich eine schier unübersehbare Vielfalt. Weizen-, Roggen- oder Dinkelmehl, weißes Mehl oder volles Korn – schon beim Mehl sind die Möglichkeiten kaum begrenzt. Und in jeden Teig kann man beinahe jede weitere Zutat geben: alle nur erdenklichen Körner, Mohn, Sesam, Nüsse, allerlei Milchprodukte, insbesondere Käse, Oliven, Schinken und Speck, Gemüse, raffinierte Würzpasten und -mischungen, getrocknete Früchte und frisches Obst, süße Leckereien aller Art – und sogar Garnelen, wie wir später mit unserem Rezept für Garnelenstangen beweisen werden.

Brot ist also mehr als nur die Basis für Käse, Salami, Marmelade oder Honig – es kann selbst schon tausend spannende Geschmacksrichtungen

unter der Kruste haben. Es kann herb oder süß, würzig oder fein, zart oder knusprig sein. Brötchen gehören vielerorts zu einem guten Frühstück, Stuten zu einem gedeckten Kaffeetisch, kräftiges Brot zu einem zünftigen Abendessen, Ciabatta und Baguette zu warmen Speisen, wie mediterranen Suppen beispielsweise. Nicht nur in der Herstellung, sondern auch in der Verwendung sind den beliebten Teigwaren kaum Grenzen gesetzt. Und lecker sind sie allemal …

Mehl – das A und O in Sachen Brot

Die verschiedenen Mehlsorten, die man im Handel kaufen kann, haben in der Regel eine Typenbezeichnung, zum Beispiel „Type 405". Mit dieser Zahl wird der sogenannte Ausmahlungsgrad angegeben. Dahinter steckt Folgendes: Die Zahl zeigt an, wie viel Gramm Mineralstoffe in 100 kg Mehl enthalten sind. Je höher also die Typenzahl, desto mehr Vitamine, Ballaststoffe und Mineralstoffe sind in ihm enthalten.

Diese wertvollen und gesunden Anteile des Mehls stammen aus der äußeren Frucht- und Samenschale des Korns. Je mehr von der Schale mitgemahlen wird, desto höher der Anteil an gesunden Inhaltsstoffen. Vollkornmehl hat deswegen keine Typenbezeichnung, schließlich wird dafür das komplette

Korn vermahlen. Nur wenn mehr oder weniger geschälte Körner gemahlen werden, ergibt eine Typenbezeichnung auch Sinn.

Im Handel haben sich einige wenige Mehlsorten durchgesetzt. Das meistverwendete Mehl ist Weizenmehl Type 405. Es hat unter allen handelsüblichen Mehlen die niedrigste Typenzahl und entsprechend wenig Mineralstoffe. Es besteht nur aus dem inneren Kern des Korns und ergibt nicht nur weißes Mehl, sondern auch sehr hellen Teig und ebenso helles Brot. Es wurde vor allem früher als Auszugsmehl bezeichnet. Seine Backeigenschaften sind hervorragend, und es ist deswegen das bevorzugte Haushaltsmehl.

Ebenfalls aus Weizen wird das Instantmehl Type 405 gewonnen, ein sogenanntes doppelgriffiges Mehl, das sich insbesondere für flüssige Teige, zum Beispiel für Pfannkuchen, eignet.

Zum Backen von Brot geeignet ist dunkles Weizenmehl, Type 1050, das sich für Mischbrote und rustikalere Backwaren anbietet. Es hat viel mehr Schalenbestandteile und ergibt einen wesentlich dunkleren Teig als Mehl der Type 405.

Neben dem Weizen ist der Roggen das meistverwendete Getreide für Brotbackwaren. Roggenerzeugnisse sind im Vergleich dunkler und aromatischer, aber auch nicht so locker und leicht wie die meisten Backwaren aus Weizenmehl. Die Roggenmehlsorten Type 997 und 1150 sind für Mischbrote gut geeignet und ergeben geschmackvolle, kräftige Backwaren.

Neben Weizen und Roggen erfreut sich Dinkel immer größerer Beliebtheit. Er war bis ins 18. Jahrhundert das wichtigste Korn Europas und wurde erst dann von seinen beiden großen Konkurrenten weitgehend verdrängt. Heute erlebt Dinkel eine Renaissance, insbesondere im gesundheitsbewussten Bio-Bereich. Aber auch geschmacklich bietet Dinkel eine willkommene Abwechslung zu den althergebrachten Getreidesorten, die den Markt seit langem beherrschen.

Backen ist einfach

Backen ist einfach – und macht großen Spaß. Immer wieder von Neuem auszuprobieren, wie man ein Rezept verändern und abwandeln kann, ist keine Mühe, sondern ein Vergnügen.

Da wir heute in der Regel unsere Brötchen und Brote beim Bäcker kaufen, ist uns gar nicht mehr bewusst, dass das Brotbacken im Grunde eine einfache Technik ist. Es erfordert nur ein wenig Übung und ein bisschen Geduld, denn Hefeteig braucht seine Zeit. Er muss „gehen", wie man so schön sagt, das heißt, er muss bei Zimmertemperatur (oder etwas darüber) eine Zeit lang ruhen, damit die Hefe ihre Arbeit tun kann. Die Backhefe spaltet die Molekülketten der im Mehl enthaltenen Stärke auf und vergärt die Zuckermoleküle. Dadurch entsteht gasförmiges Kohlendioxid, das das Volumen des Teiges erheblich vergrößert – er geht auf. Um für diesen Prozess ideale Bedingungen zu schaffen, sollte es schön warm sein, jedoch nicht über 40 °C, da die Hefe bei dieser Temperatur abstirbt. Außerdem ist die Zeit, die man der Hefe gibt, von Bedeutung. Geduld ist dabei gut, vergessen sollte man ihn allerdings auch nicht, denn irgendwann fällt er in sich zusammen. Für die Rezepte des vorliegenden Buchs haben wir ausnahmslos mit frischer Hefe gearbeitet. Wer lieber mit Trockenhefe arbeiten möchte, kann dies tun. Man kann sie leichter und länger lagern (frische Hefe verdirbt schnell), sie

hat aber nicht nur Vorteile, sondern man wird auch Nachteile in Kauf nehmen müssen, denn ideale Backergebnisse erreicht man nur mit frischer Hefe. Ein handelsüblicher Beutel Trockenhefe ist ausreichend für 500 g Weizenmehl und entspricht ca. 25 g Frischhefe.

Brot und Brötchen selber zu backen, ist auch deshalb einfach, weil man nur sehr wenig Equipment dafür braucht: einen Ofen, eine Schüssel und ein Handrührgerät reichen für die meisten der hier vorgestellten Backwaren völlig aus. Das wichtigste Werkzeug tragen Sie übrigens immer mit sich herum: Backen heißt Kneten, und dafür braucht man etwas Kraft und zwei Hände. Ein gut durchgekneteter Teig ist die halbe Miete, ein wenig Erfahrung die andere Hälfte.

Variieren Sie die Rezepte, die Sie in diesem Buch finden. Mit etwas Übung wird es Ihnen garantiert gelingen, und Sie kreieren so Ihr eigenes Brot, das man in keiner Bäckerei kaufen kann.

Frischer Genuss und altbackene Brötchen

Wer Brot und Brötchen genießen möchte, wird zu frischer Ware greifen. Oder gleich selber backen, denn dann weiß man ganz sicher, dass man frisches Backwerk vor sich hat. Ein krosse, knusprige Kruste und ein weicher, zarter Kern, das sind Zeichen für die Frische von Brot und Brötchen. Nach einem Tag ist es damit aber meistens vorbei. Die Kruste ist jetzt nicht mehr kross, sondern einfach nur hart oder gar gummiartig, während das innere des Brotes trocken und stumpf schmeckt. Mit der richtigen Aufbewahrung kann man Brot aber durchaus eine Zeit lang frisch halten.

Weizenprodukte eignen sich kaum für die längere Aufbewahrung. Man sollte sie bevorzugt ganz frisch genießen und von der Produktion in größeren Mengen absehen. Wenn ein Brot mal länger halten sollte, empfiehlt sich der Griff zum Roggenmehl. Roggenbrote haben einen größeren Säureanteil und bleiben länger frisch.

Brot, welcher Art auch immer, sollte bei Zimmertemperatur aufbewahrt werden. In den Kühlschrank sollte man es nur bei extrem heißen Temperaturen packen. Brot und Brötchen bleiben am längsten frisch, wenn man sie luftdicht lagert, zum Beispiel in Steinguttöpfen oder Brotkästen, am besten aus Metall. Aber auch verschließbare Plastiktüten sind für diesen Zweck gut geeignet. Bei Brotwaren, die eine sehr knusprige Rinde haben, geht bei dieser Art der Lagerung allerdings der Knuspereffekt schnell verloren, denn die im luftdichten Raum befindliche Feuchtigkeit verteilt sich zügig sehr gleichmäßig, zieht also auch in die Kruste, die dadurch weich wird. Solche Brot- und Brötchensorten, zum Beispiel Laugengebäck, sollte man gänzlich unverpackt lagern und schnell aufbrauchen.

Dass viele Backwaren schnell austrocknen und dann kein großer Genuss mehr sind, ist aber keineswegs so schlimm. Auch altbackenes Brot und steinharte Brötchen können ein Genuss sein. In den guten, alten Zeiten, die oft gar nicht so gut waren, sondern von großer Armut geprägt waren, dachte man gar nicht daran, älteres Brot wegzuwerfen. Man suchte und fand Methoden, um es dennoch verwerten zu können. Paniermehl ist die bekannteste Methode der Verwertung von alten Brötchen oder Weißbrot – aus dem man bekanntlich auch ganz besonders leckere Arme Ritter machen kann. In Italien, aber auch anderswo gilt Brotsalat als leckeres Abendessen. Und geriebenes und angeröstetes Brot passt zu so manchem Pasta-Gericht. Für Semmelknödel, Frikadellen und Ähnliches braucht man mindestens angetrocknetes, wenn nicht gut durchgetrocknetes helles Brot. Trocken Brot ist also noch längst nicht aller Tage Abend, aber natürlich geht nichts über ein selbst gebackenes Brot, das noch vor Hitze dampft und beim Hineinbeißen den richtigen „Crunch" hat ...

Zutaten für 1 Brot (ca. 500 g)

5 g Hefe
300 g Dinkelmehl
15 g Butter
50 g Kürbiskerne
50 g Sonnenblumenkerne
1 Tl Salz

Zubereitungszeit: ca. 20 Minuten
(plus Zeit zum Gehen und Backen)
Pro Brot ca. 1698 kcal/7111 kJ
71 g E, 66 g F, 202 g KH

Vollkornbrot

Die Hefe in 50 ml lauwarmes Wasser bröckeln und ca. 5 Minuten ruhen lassen.

Dinkelmehl, Butter, Kürbiskerne, Sonnenblumenkerne, Salz und 150 ml lauwarmes Wasser in eine Schüssel geben und gut umrühren.

Die angerührte Hefe dazugeben und den Teig auf einer bemehlten Fläche gut durchkneten.

Den Teig 1 Stunde lang zugedeckt an einem warmen Ort gehen lassen.

Danach den Teig erneut gut durchkneten und anschließend mit bemehlten Händen zu einem runden Brotlaib formen.

Das Brot 1 weitere Stunde gehen lassen, währenddessen den Backofen auf 200 °C vorheizen. Das Brot mit Wasser bepinseln und auf der mittleren Schiene ca. 45 Minuten backen.

Zutaten für ca. 10 Brötchen

10 g Hefe
250 g Weizenmehl (Type 405)
100 g Sonnenblumenkerne
1 Tl Salz

Zubereitungszeit: ca. 15 Minuten
(plus Zeit zum Gehen und Backen)
Pro Brötchen ca. 143 kcal/599 kJ
5 g E, 5 g F, 19 g KH

Brötchen mit Sonnenblumenkernen

Die Hefe in 50 ml lauwarmes Wasser bröckeln und ca. 5 Minuten ruhen lassen.

Das Weizenmehl in eine Rührschüssel sieben. Sonnenblumenkerne, Salz und 130 ml lauwarmes Wasser dazugeben und alles mit den Knethaken des Handrührgerätes zunächst auf niedrigster, dann auf höchster Stufe zu einem glatten Teig verarbeiten.

Die angerührte Hefe dazugeben und den Teig auf einer bemehlten Fläche gut durchkneten.

Mit bemehlten Händen Brötchen formen und 1 Stunde lang zugedeckt an einem warmen Ort gehen lassen.

Den Backofen auf 250 °C vorheizen. Die Brötchen auf der mittleren Schiene ca. 20 Minuten backen.

Zutaten für 1 Brot (ca. 800 g)
20 g Hefe
500 g Weizenmehl (Type 405)
2 Tl Salz

Zubereitungszeit: ca. 20 Minuten
(plus Zeit zum Gehen und Backen)
Pro Brot ca. 1730 kcal/724 kJ
64 g E, 6 g F, 354 g KH

Weißbrot

Die Hefe in 50 ml lauwarmes Wasser bröckeln und ca. 5 Minuten ruhen lassen.

Das Mehl in eine Rührschüssel sieben. Salz und 320 ml lauwarmes Wasser dazugeben und alles mit den Knethaken des Handrührgerätes zunächst auf niedrigster, dann auf höchster Stufe zu einem glatten Teig verarbeiten.

Die angerührte Hefe dazugeben und den Teig auf einer bemehlten Fläche gut durchkneten.

Den Teig 1 Stunde lang zugedeckt an einem warmen Ort gehen lassen.

Danach den Teig erneut gut durchkneten und anschließend mit bemehlten Händen zu einem länglichen Brotlaib formen.

Das Brot eine weitere Stunde gehen lassen. Den Backofen auf 250 °C vorheizen. Das Brot auf der mittleren Schiene ca. 25 Minuten backen.

Mehrkornbrötchen

Die Hefe in 50 ml lauwarmes Wasser bröckeln und ca. 5 Minuten ruhen lassen.

Das Mehl in eine Rührschüssel sieben. Samenmischung, Salz und 150 ml lauwarmes Wasser dazugeben und alles mit den Knethaken des Handrührgerätes zunächst auf niedrigster, dann auf höchster Stufe zu einem glatten Teig verarbeiten.

Die angerührte Hefe dazugeben und den Teig auf einer bemehlten Fläche gut durchkneten.

Den Teig 1 Stunde lang zugedeckt an einem warmen Ort gehen lassen.

Danach den Teig erneut gut durchkneten und anschließend mit bemehlten Händen Brötchen formen.

Die Brötchen eine weitere Stunde gehen lassen.

Den Backofen auf 250 °C vorheizen. Die Brötchen auf der mittleren Schiene ca. 20 Minuten backen.

Zutaten für ca. 8 Brötchen
10 g Hefe
250 g Weizenmehl (Type 405)
100 g Samenmischung aus dem Reformhaus
2 Tl Salz

Zubereitungszeit: ca. 20 Minuten
(plus Zeit zum Gehen und Backen)
Pro Brötchen ca. 179 kcal/749 kJ
7 g E, 6 g F, 23 g KH

Zutaten für ca. 5 Brötchen

10 g Hefe
150 g Weizenmehl (Type 405)
150 g Roggenmehl (Type 1150)
2 El Olivenöl
1 Tl Salz

Zubereitungszeit: ca. 20 Minuten
(plus Zeit zum Gehen und Backen)
Pro Brötchen ca. 201 kcal/843 kJ
7 g E, 1 g F, 42 g KH

Roggenbrötchen

Die Hefe in 50 ml lauwarmes Wasser bröckeln und ca. 5 Minuten ruhen lassen.

Die beiden Mehlsorten in eine Rührschüssel sieben. Olivenöl, Salz und 210 ml lauwarmes Wasser dazugeben und alles mit den Knethaken des Handrührgerätes zunächst auf niedrigster, dann auf höchster Stufe zu einem glatten Teig verarbeiten.

Die angerührte Hefe dazugeben und den Teig auf einer bemehlten Fläche gut durchkneten.

Den Teig 1 Stunde lang zugedeckt an einem warmen Ort gehen lassen.

Danach den Teig erneut gut durchkneten und anschließend mit bemehlten Händen Brötchen formen.

Die Brötchen eine weitere Stunde gehen lassen. Den Backofen auf 250 °C vorheizen. Die Brötchen auf der mittleren Schiene ca. 20 Minuten backen.

Zutaten für 1 Baguette (ca. 900 g)
20 g Hefe
250 g Weizenmehl (Type 405)
250 g Instantmehl (Type 405)
2 Tl Salz

Zubereitungszeit: ca. 20 Minuten
(plus Zeit zum Gehen und Backen)
Pro Baguette ca. 1738 kcal/7277 kJ
63 g E, 6 g F, 354 g KH

Baguette

Die Hefe in 50 ml lauwarmes Wasser bröckeln und ca. 5 Minuten ruhen lassen.

Weizenmehl in eine Rührschüssel sieben. Instantmehl, Salz und 320 ml lauwarmes Wasser dazugeben und alles mit den Knethaken des Handrührgerätes zunächst auf niedrigster, dann auf höchster Stufe zu einem glatten Teig verarbeiten.

Die angerührte Hefe dazugeben und den Teig auf einer bemehlten Fläche gut durchkneten.

Den Teig 1 Stunde lang zugedeckt an einem warmen Ort gehen lassen.

Danach den Teig erneut gut durchkneten und anschließend mit bemehlten Händen zu einem länglichen Baguette formen.

Das Baguette eine weitere Stunde gehen lassen. Den Backofen auf 250 °C vorheizen. Das Baguette mehrmals diagonal einschneiden und auf der mittleren Schiene ca. 25 Minuten backen.

Zutaten für ca. 10 Brötchen

20 g Hefe
500 g Weizenmehl (Type 405)
2 Tl Salz
1 Eigelb zum Bepinseln

Zubereitungszeit: ca. 20 Minuten
(plus Zeit zum Gehen und Backen)
Pro Brötchen ca. 173 kcal/725 kJ
6 g E, 1 g F, 35 g KH

Weizenbrötchen

Die Hefe in 50 ml lauwarmes Wasser bröckeln und ca. 5 Minuten ruhen lassen.

Das Weizenmehl in eine Rührschüssel sieben. Salz und 320 ml lauwarmes Wasser dazugeben und alles mit den Knethaken des Handrührgerätes zunächst auf niedrigster, dann auf höchster Stufe zu einem glatten Teig verarbeiten.

Die angerührte Hefe dazugeben und den Teig auf einer bemehlten Fläche gut durchkneten.

Den Teig 1 Stunde lang zugedeckt an einem warmen Ort gehen lassen.

Danach den Teig erneut gut durchkneten und anschließend mit bemehlten Händen Brötchen formen.

Die Brötchen eine weitere Stunde gehen lassen. Den Backofen auf 250 °C vorheizen. Das Eigelb mit 1 El Wasser verrühren und die Brötchen damit bepinseln. Die Brötchen auf der mittleren Schiene ca. 20 Minuten backen.

Zutaten für 1 Brot (ca. 500 g)
10 g Hefe
100 g Sauerteig
150 g Roggen-Vollkornmehl
100 g Roggen-Vollkornschrot
1 Tl Salz

Zubereitungszeit: ca. 20 Minuten
(plus Zeit zum Gehen und Backen)
Pro Brot ca. 1090 kcal/4566 kJ
33 g E, 6 g F, 224 g KH

Roggenschrotbrot

Die Hefe in 50 ml lauwarmes Wasser bröckeln und ca. 5 Minuten ruhen lassen.

Sauerteig, Roggen-Vollkornmehl, Roggen-Vollkornschrot, Salz und 100 ml lauwarmes Wasser in eine Schüssel geben und gut umrühren.

Die angerührte Hefe dazugeben und den Teig auf einer bemehlten Fläche gut durchkneten.

Den Teig 1 Stunde lang zugedeckt an einem warmen Ort gehen lassen.

Danach den Teig erneut gut durchkneten und anschließend mit bemehlten Händen zu einem runden Brotlaib formen.

Das Brot 1 weitere Stunde gehen lassen, währenddessen den Backofen auf 200 °C vorheizen. Das Brot mit Wasser bepinseln und auf der mittleren Schiene ca. 45 Minuten backen.

Honig-Sauerteigbrot

Die Hefe in 50 ml lauwarmes Wasser bröckeln und ca. 5 Minuten ruhen lassen.

Sauerteig, Dinkelmehl, Vollkorn Roggenmehl, Honig, Salz und 50 ml lauwarmes Wasser in eine Schüssel geben und gut umrühren.

Die angerührte Hefe dazugeben und den Teig auf einer bemehlten Fläche gut durchkneten.

Den Teig 1 Stunde lang zugedeckt an einem warmen Ort gehen lassen.

Danach den Teig erneut gut durchkneten und anschließend mit bemehlten Händen zu einem länglichen Brotlaib formen.

Das Brot 1 weitere Stunde gehen lassen, währenddessen den Backofen auf 200 °C vorheizen. Das Brot mit Wasser bepinseln und auf der mittleren Schiene ca. 55 Minuten backen.

Zutaten für 1 Brot (ca. 500 g)

5 g Hefe
100 g Sauerteig
200 g Dinkelmehl
100 g Vollkorn-Roggenmehl
100 g Honig
1 Tl Salz

Zubereitungszeit: ca. 20 Minuten
(plus Zeit zum Gehen und Backen)
Pro Brot ca. 1614 kcal/6758 kJ
47 g E, 5 g F, 348 g KH

Zutaten für ca. 300 g
150 g Roggenmehl Type 1150
150 ml warmes Wasser

Sauerteig – Grundrezept

Am ersten Tag 50 g Mehl und 50 ml warmes Wasser miteinander verrühren und 24 Stunden bei Zimmertemperatur mit einem Tuch abgedeckt stehen lassen.

Am zweiten Tag 50 g Mehl und 50 ml Wasser zum Teigansatz dazugeben, alles durchrühren und erneut 24 Stunden stehen lassen.

Am dritten Tag restliches Mehl und Wasser zum Teigansatz rühren und nochmals 24 Stunden stehen lassen.

Optimal für die Entwicklung des Sauerteigs sind 25–30 °C. Der fertige Sauerteig riecht säuerlich und auf der Oberfläche bildet sich eine Schicht Schaum. Auch das Volumen des Teigs hat deutlich zugenommen.

Ca. 50 g des Sauerteigs in einer Schüssel im Kühlschrank lagern (Anstellgut). Die restlichen 250 g Sauerteig können direkt verbacken werden.

Das Anstellgut ist im Kühlschrank gut eine Woche haltbar. Für eine längere Haltbarkeit sollte man den Sauerteig mit so viel Roggenmehl verkrümeln, bis feste Streusel entstehen. Diese Sauerteigkrümel sind im Kühlschrank rund 8 Wochen haltbar.

Durch die Zugabe von Wasser und Mehl kann aus dem Anstellgut binnen 12–24 Stunden ein neuer Sauerteig hergestellt werden.

Zutaten für 1 Brot (ca. 550 g)

10 g Hefe
400 g Kartoffeln
300 g Instantmehl (Type 405)
1 Tl Salz

Zubereitungszeit: ca. 20 Minuten
(plus Zeit zum Gehen und Backen)
Pro Brot ca. 1326 kcal/5555 kJ
37 g E, 4 g F, 213 g KH

Kartoffelbrot

Die Hefe in 50 ml lauwarmes Wasser bröckeln und ca. 5 Minuten ruhen lassen.

Die Kartoffeln schälen und in reichlich Salzwasser garen. Anschließend noch heiß zerstampfen und auskühlen lassen.

Das Mehl in eine Rührschüssel sieben. Kartoffelbrei, Salz und 100 ml lauwarmes Wasser dazugeben und alles mit den Knethaken des Handrührgerätes zunächst auf niedrigster, dann auf höchster Stufe zu einem glatten Teig verarbeiten.

Die angerührte Hefe dazugeben und den Teig auf einer bemehlten Fläche gut durchkneten.

Den Teig 1 Stunde lang zugedeckt an einem warmen Ort gehen lassen.

Danach den Teig erneut gut durchkneten und anschließend mit bemehlten Händen zu einem runden, flachen Brotlaib formen.

Das Brot eine weitere Stunde gehen lassen. Den Backofen auf 220 °C vorheizen. Das Brot auf der mittleren Schiene ca. 30 Minuten backen.

Zutaten für 1 Brot (ca. 700 g)
10 g Hefe
100 g Sauerteig
150 g Dinkelmehl
150 g Roggen-Vollkornmehl
100 g Leinsamen
100 g Sesam
50 g Sonnenblumenkerne
50 g Kürbiskerne
1 Tl Salz

Zubereitungszeit: ca. 20 Minuten
(plus Zeit zum Gehen und Backen)
Pro Brot ca. 2508 kcal/10 500 kJ
98 g E, 82 g F, 341 g KH

Körnerbrot

Die Hefe in 50 ml lauwarmes Wasser bröckeln und ca. 5 Minuten ruhen lassen.

Sauerteig, Dinkelmehl, Roggen-Vollkornmehl, Leinsamen, Sesam, Sonnenblumenkerne, Kürbiskerne, Salz und 200 ml lauwarmes Wasser in eine Schüssel geben und gut umrühren.

Die angerührte Hefe dazugeben und den Teig auf einer bemehlten Fläche gut durchkneten.

Den Teig 1 Stunde lang zugedeckt an einem warmen Ort gehen lassen.

Danach den Teig erneut gut durchkneten und anschließend mit bemehlten Händen zu einem länglichen Brotlaib formen.

Das Brot 1 weitere Stunde gehen lassen, währenddessen den Backofen auf 200 °C vorheizen. Das Brot mit Wasser bepinseln und auf der mittleren Schiene ca. 45 Minuten backen.

Zutaten für 2 Ciabatta (à ca. 300 g)
20 g Hefe
400 g Instantmehl (Type 405)
3 El Olivenöl
2 Tl Salz

Zubereitungszeit ca. 15 Minuten
(plus Zeit zum Gehen und Backen)
Pro Stück ca. 823 kcal/3446 kJ
21 g E, 17 g F, 141 g KH

Ciabatta

Die Hefe in 50 ml lauwarmes Wasser bröckeln und ca. 5 Minuten ruhen lassen.

Das Instantmehl in eine Rührschüssel geben. Olivenöl, Salz und 150 ml lauwarmes Wasser dazugeben und alles mit den Knethaken des Handrührgerätes zunächst auf niedrigster, dann auf höchster Stufe zu einem glatten Teig verarbeiten.

Die angerührte Hefe dazugeben und den Teig auf einer bemehlten Fläche gut durchkneten.

Aus dem Teig zwei Brote formen und zugedeckt 1 Stunde ruhen lassen.

Den Backofen auf 200 °C vorheizen. Die Ciabatta auf der mittleren Schiene ca. 40 Minuten backen.

Zutaten für 1 Brot (ca. 600 g)

5 g Hefe
100 g Sauerteig
100 g Weizenmehl (Type 405)
250 g Vollkorn-Roggenmehl
150 g Saure Sahne
1 Tl Salz

Zubereitungszeit ca. 20 Minuten
(plus Zeit zum Gehen und Backen)
Pro Brot ca. 1626 kcal/6806 kJ
48 g E, 21 g F, 308 g KH

Sauerteigbrot

Die Hefe in 50 ml lauwarmes Wasser bröckeln und ca. 5 Minuten ruhen lassen.

Sauerteig, Weizenmehl, Vollkorn-Roggenmehl, Saure Sahne, Salz und 100 ml lauwarmes Wasser in eine Schüssel geben und gut umrühren.

Die angerührte Hefe dazugeben und den Teig auf einer bemehlten Fläche gut durchkneten.

Den Teig 1 Stunde lang zugedeckt an einem warmen Ort gehen lassen.

Danach den Teig erneut gut durchkneten und anschließend mit bemehlten Händen zu einem runden Brotlaib formen.

Das Brot wieder 1 weitere Stunde gehen lassen, währenddessen den Backofen auf 200 °C vorheizen. Das Brot mit Wasser bepinseln und auf der mittleren Schiene ca. 55 Minuten backen.

Knäckebrot

Die beiden Mehlsorten in eine Rührschüssel sieben. Olivenöl, Salz und die Milch dazugeben und alles mit den Knethaken des Handrührgerätes zunächst auf niedrigster, dann auf höchster Stufe zu einem glatten Teig verarbeiten.

Den Teig zugedeckt 15 Minuten ruhen lassen.

Den Teig auf ein gefettetes Backblech dünn auftragen und mit einem Nudelholz ausrollen.

Das Knäckebrot in 9 Stücke schneiden und mehrmals mit einer Gabel einstechen.

Den Backofen auf 250 °C vorheizen. Die Knäckebrote auf der mittleren Schiene ca. 25 Minuten backen.

Zutaten für ca. 9 Stück
200 Weizenmehl (Type 405)
100 g Roggenmehl (Type 1150)
3 El Olivenöl
1 Tl Salz
200 ml Milch
Fett für das Blech

Zubereitungszeit: ca. 20 Minuten
(plus Zeit zum Gehen und Backen)
Pro Brot ca. 123 kcal/516 kJ
4 g E, 1 g F, 24 g KH

Zutaten für 1 Brot (ca. 950 g)

20 g Hefe
250 g Instantmehl (Type 405)
250 g Roggenmehl (Type 1150)
2 Tl Salz
Olivenöl zum Bepinseln

Zubereitungszeit: ca. 20 Minuten
(plus Zeit zum Gehen und Backen)
Pro Brot ca. 1693 kcal/7089 kJ
59 g E, 7 g F, 347 g KH

Roggenbrot

Die Hefe in 50 ml lauwarmes Wasser bröckeln und ca. 5 Minuten ruhen lassen.

Die beiden Mehlsorten in eine Rührschüssel sieben. Salz und 320 ml lauwarmes Wasser dazugeben und alles mit den Knethaken des Handrührgerätes zunächst auf niedrigster, dann auf höchster Stufe zu einem glatten Teig verarbeiten.

Die angerührte Hefe dazugeben und den Teig auf einer bemehlten Fläche gut durchkneten.

Den Teig 1 Stunde lang zugedeckt an einem warmen Ort gehen lassen.

Danach den Teig erneut gut durchkneten und anschließend mit bemehlten Händen zu einem länglichen Brotlaib formen.

Das Brot eine weitere Stunde gehen lassen. Den Backofen auf 220 °C vorheizen. Das Brot auf der mittleren Schiene ca. 30 Minuten backen.

Zutaten für 1 Brot (ca. 700 g)

10 g Hefe
300 g Dinkelmehl
150 g Haferkleie
100 g Leinsamen
3 EL Apfelessig
1 Tl Salz

Zubereitungszeit: ca. 20 Minuten
(plus Zeit zum Gehen und Backen)
Pro Brot ca. 1890 kcal/7914 kJ
24 g E, 51 g F, 262 g KH

Leinsamen-Hafer-Brot

Die Hefe in 50 ml lauwarmes Wasser bröckeln und ca. 5 Minuten ruhen lassen.

Dinkelmehl, Haferkleie, Leinsamen, Apfelessig, Salz und 200 ml lauwarmes Wasser in eine Schüssel geben und gut umrühren.

Die angerührte Hefe dazugeben und den Teig auf einer bemehlten Fläche gut durchkneten.

Den Teig 1 Stunde lang zugedeckt an einem warmen Ort gehen lassen.

Danach den Teig erneut gut durchkneten und anschließend mit bemehlten Händen zu einem runden Brot formen.

Das Brot 1 weitere Stunde gehen lassen, währenddessen den Backofen auf 200 °C vorheizen. Das Brot mit Wasser bepinseln und auf der mittleren Schiene ca. 45 Minuten backen.

Zutaten für 1 Brot (ca. 1000 g)

15 g Hefe
200 g Sauerteig
300 g Weizenmehl (Type 405)
200 g Roggen-Vollkornmehl
100 g Honig
1 Tl Salz

Zubereitungszeit: ca. 20 Minuten
(plus Zeit zum Gehen und Backen)
Pro Brot ca. 2582 kcal/10 812 kJ
71 g E, 11 g F, 555 g KH

Bauernbrot

Die Hefe in 50 ml lauwarmes Wasser bröckeln und ca. 5 Minuten ruhen lassen.

Sauerteig, Weizenmehl, Roggen-Vollkornmehl, Honig, Salz und 200 ml lauwarmes Wasser in eine Schüssel geben und gut umrühren.

Die angerührte Hefe dazugeben und den Teig auf einer bemehlten Fläche gut durchkneten.

Den Teig 1 Stunde lang zugedeckt an einem warmen Ort gehen lassen.

Danach den Teig erneut gut durchkneten und anschließend mit bemehlten Händen zu einem runden Brotlaib formen.

Das Brot 1 weitere Stunde gehen lassen, währenddessen den Backofen auf 200 °C vorheizen. Das Brot mit Wasser bepinseln und auf der mittleren Schiene ca. 45 Minuten backen.

Zutaten für 1 Brot (ca. 1300 g)

15 g Hefe
450 g Roggenschrot
300 g Weizenschrot
600 g Buttermilch
40 g Zuckercouleur
2 Tl Salz

Zubereitungszeit: ca. 20 Minuten
(plus Zeit zum Gehen und Backen)
Pro Brot ca. 2496 kcal/10 452 kJ
61 g E, 16 g F, 297 g KH

Schwarzbrot

Die Hefe in 100 ml lauwarme Buttermilch bröckeln und ca. 5 Minuten ruhen lassen.

Roggenschrot, Weizenschrot, Zuckercouleur, Salz und 500 ml lauwarme Buttermilch in eine Schüssel geben und gut umrühren.

Den Teig 1 Stunde lang zugedeckt an einem warmen Ort gehen lassen.

Danach den Teig erneut gut durchkneten und anschließend in eine ausgefettete Backform geben. Die Backform mit Alufolie abdecken.

Den Backofen auf 120 °C vorheizen. Das Brot auf der mittleren Schiene ca. 4 Stunden backen.

Backofen nach der Backzeit abschalten und das Brot im Ofen auskühlen lassen.

Müslibrot

Die Hefe in 50 ml lauwarme Kokosmilch bröckeln und ca. 5 Minuten ruhen lassen.

Das Mehl in eine Rührschüssel geben. Früchtemüsli, Olivenöl, Salz und 120 ml Kokosmilch dazugeben und alles mit den Knethaken des Handrührgerätes zunächst auf niedrigster, dann auf höchster Stufe zu einem glatten Teig verarbeiten.

Die angerührte Hefe dazugeben, den Teig auf einer bemehlten Fläche gut durchkneten und anschließend mit bemehlten Händen zu einem länglichen Brotlaib formen.

Den Teig 1 Stunde lang zugedeckt an einem warmen Ort gehen lassen.

Den Backofen auf 200 °C vorheizen. Das Brot auf der mittleren Schiene ca. 50 Minuten backen.

Zutaten für 1 Brot (ca. 500 g)
10 g Hefe
300 g Instantmehl (Type 405)
170 ml Kokosmilch
50 g Früchtemüsli
5 El Olivenöl
1 Tl Salz

Zubereitungszeit: ca. 15 Minuten
(plus Zeit zum Gehen und Backen)
Pro Brot ca. 1906 kcal/7979 kJ
39 g E, 82 g F, 243 g KH

Zutaten für 1 Brot (ca. 450 g)
10 g Hefe
100 g Weizenmehl (Type 405)
100 g Weizen Vollkornmehl
100 g gemahlene Haselnusskerne
10 El Nussöl
2 Tl Salz

Zubereitungszeit: ca. 15 Minuten
(plus Zeit zum Gehen und Backen)
Pro Brot ca. 2013 kcal/8427 kJ
23 g E, 144 g F, 131 g KH

Nussbrot

Die Hefe in 50 ml lauwarmes Wasser bröckeln und ca. 5 Minuten ruhen lassen.

Die beiden Mehlsorten in eine Rührschüssel sieben. Haselnusskerne, Nussöl, Salz und 50 ml lauwarmes Wasser dazugeben und alles mit den Knethaken des Handrührgerätes zunächst auf niedrigster, dann auf höchster Stufe zu einem glatten Teig verarbeiten.

Die angerührte Hefe dazugeben, den Teig auf einer bemehlten Fläche gut durchkneten und anschließend mit bemehlten Händen zu einem runden Brotlaib formen.

Den Teig 1 Stunde lang zugedeckt an einem warmen Ort gehen lassen.

Den Backofen auf 220 °C vorheizen. Das Brot auf der mittleren Schiene ca. 30 Minuten backen.

Zutaten für 1 Brot (ca. 450 g)
5 g Hefe
200 Instantmehl (Type 405)
200 g Camembert
5 El Olivenöl
1 Tl Salz

Zubereitungszeit: ca. 15 Minuten
(plus Zeit zum Gehen und Backen)
Pro Brot ca. 1612 kcal/6748 kJ
64 g E, 87 g F, 141 g KH

Brot mit Camembert

Die Hefe in 50 ml lauwarmes Wasser bröckeln und ca. 5 Minuten ruhen lassen.

Den Camembert in kleine Stückchen schneiden.

Das Instantmehl in eine Rührschüssel geben. Camembert, Olivenöl und Salz dazugeben und alles mit den Knethaken des Handrührgerätes zunächst auf niedrigster, dann auf höchster Stufe zu einem glatten Teig verarbeiten.

Die angerührte Hefe dazugeben, den Teig auf einer bemehlten Fläche gut durchkneten und anschließend mit bemehlten Händen zu einem länglichen Brotlaib formen.

Den Teig 1 Stunde lang zugedeckt an einem warmen Ort gehen lassen.

Den Backofen auf 200 °C vorheizen. Das Brot auf der mittleren Schiene ca. 50 Minuten backen.

Zutaten für 1 Brot (ca. 500 g)
10 g Hefe
300 g Weizenmehl (Type 405)
150 g Ziegenfrischkäse
5 El Traubenkernöl
1 Tl Salz

Zubereitungszeit ca. 15 Minuten
(plus Zeit zum Gehen und Backen)
Pro Brot ca. 1330 kcal/5572 kJ
50 g E, 29 g F, 217 g KH

Brot mit Ziegenkäse

Die Hefe in 50 ml lauwarmes Wasser bröckeln und ca. 5 Minuten ruhen lassen.

Das Weizenmehl in eine Rührschüssel sieben. Ziegenfrischkäse, Traubenkernöl, Salz und 60 ml lauwarmes Wasser dazugeben und alles mit den Knethaken des Handrührgerätes zunächst auf niedrigster, dann auf höchster Stufe zu einem glatten Teig verarbeiten.

Die angerührte Hefe dazugeben, den Teig auf einer bemehlten Fläche gut durchkneten und anschließend mit bemehlten Händen zu einem runden Brotlaib formen.

Den Teig 1 Stunde lang zugedeckt an einem warmen Ort gehen lassen.

Den Backofen auf 200 °C vorheizen. Das Brot auf der mittleren Schiene ca. 50 Minuten backen.

Nuss-Mandel-Oliven-Brot

Die Hefe in 50 ml lauwarmes Wasser bröckeln und ca. 5 Minuten ruhen lassen.

Die Oliven in Scheiben schneiden.

Das Mehl in eine Rührschüssel sieben. Haselnüsse, Mandeln, Oliven, Nussöl, Salz und 200 ml lauwarmes Wasser dazugeben und alles mit den Knethaken des Handrührgerätes zunächst auf niedrigster, dann auf höchster Stufe zu einem glatten Teig verarbeiten.

Die angerührte Hefe dazugeben und den Teig auf einer bemehlten Fläche gut durchkneten.

Den Teig 1 Stunde lang zugedeckt an einem warmen Ort gehen lassen.

Danach den Teig erneut gut durchkneten und anschließend mit bemehlten Händen zu einem runden Brotlaib formen.

Das Brot eine weitere Stunde gehen lassen. Den Backofen auf 220 °C vorheizen. Das Brot auf der mittleren Schiene ca. 30 Minuten backen.

Zutaten für 1 Brot (ca. 800 g)
20 g Hefe
400 g Weizenmehl (Type 405)
100 g gemahlene Haselnüsse
50 g Mandelblättchen
50 g Oliven
5 El Nussöl
2 Tl Salz

Zubereitungszeit: ca. 20 Minuten
(plus Zeit zum Gehen und Backen)
Pro Brot ca. 2577 kcal/10 790 kJ
73 g E, 93 g F, 299 g KH

Zutaten für 1 Brot (ca. 600 g)
5 g Hefe
350 g Weizenmehl (Type 405)
250 g Zucchini
1 Tl Salz

Zubereitungszeit: ca. 20 Minuten
(plus Zeit zum Backen)
Pro Brot ca. 1231 kcal/5148 kJ
41 g E, 45 g F, 253 g KH

Zucchinibrot

Die Hefe in 50 ml lauwarmes Wasser bröckeln und ca. 5 Minuten ruhen lassen.

Zucchini putzen, waschen, in kleine Stücke schneiden und in wenig Wasser gar kochen. Anschließend das Kochwasser abgießen.

Das Mehl in eine Rührschüssel sieben. Zucchini, Salz und 50 ml lauwarmes Wasser dazugeben und alles mit den Knethaken des Handrührgerätes zunächst auf niedrigster, dann auf höchster Stufe zu einem glatten Teig verarbeiten.

Die angerührte Hefe dazugeben, den Teig auf einer bemehlten Fläche gut durchkneten und anschließend mit bemehlten Händen zu einem länglichen Brotlaib formen.

Das Brot in den kalten Ofen schieben und den Ofen auf 220 °C stellen. Das Brot 35 Minuten auf der mittleren Schiene backen.

Zutaten für 1 Brot (ca. 500 g)

10 g Hefe
250 g Karotten
200 g Weizenmehl (Type 405)
50 g Roggenmehl (Type 1150)
1 Tl Salz

Zubereitungszeit: ca. 20 Minuten
(plus Zeit zum Gehen und Backen)
Pro Brot ca. 909 kcal/3805 kJ
31 g E, 3 g F, 176 g KH

Karottenbrot

Die Hefe in 50 ml lauwarmes Wasser bröckeln und ca. 5 Minuten ruhen lassen.

Karotten putzen, waschen, schaben und raspeln.

Die beiden Mehlsorten in eine Rührschüssel sieben. Karottenraspel, Salz und 100 ml lauwarmes Wasser dazugeben und alles mit den Knethaken des Handrührgerätes zunächst auf niedrigster, dann auf höchster Stufe zu einem glatten Teig verarbeiten.

Die angerührte Hefe dazugeben und den Teig auf einer bemehlten Fläche gut durchkneten.

Den Teig 1 Stunde lang zugedeckt an einem warmen Ort gehen lassen.

Danach den Teig erneut gut durchkneten und anschließend mit bemehlten Händen zu einem länglichen Brotlaib formen.

Das Brot eine weitere Stunde gehen lassen. Den Backofen auf 220 °C vorheizen. Das Brot auf der mittleren Schiene ca. 30 Minuten backen.

Lauchbrot

Die Hefe in 50 ml lauwarmes Wasser bröckeln und ca. 5 Minuten ruhen lassen.

Lauch putzen, waschen und in dünne Ringe schneiden. Anschließend in etwas Butter andünsten.

Das Mehl in eine Rührschüssel sieben. Lauch, Sesamsaat, Salz und 110 ml lauwarmes Wasser dazugeben und alles mit den Knethaken des Handrührgerätes zunächst auf niedrigster, dann auf höchster Stufe zu einem glatten Teig verarbeiten.

Die angerührte Hefe dazugeben, den Teig auf einer bemehlten Fläche gut durchkneten und anschließend mit bemehlten Händen zu einem länglichen Brotlaib formen. Das Brot mit Olivenöl bestreichen.

Das Brot in den kalten Ofen schieben und Ofen auf 220 °C stellen.

Das Brot 35 Minuten auf der mittleren Schiene backen.

Zutaten für 1 Brot (ca. 600 g)
5 g Hefe
150 g Lauch
etwas Butter
300 g Weizenmehl (Type 405)
150 g Sesamsaat
2 Tl Salz
Olivenöl zum Bestreichen

Zubereitungszeit: ca. 20 Minuten
(plus Zeit zum Backen)
Pro Brot ca. 1916 kcal/8013 kJ
59 g E, 79 g F, 241 g KH

Zutaten für 1 Brot (ca. 1000 g)
20 g Hefe
500 g Weizenmehl (Type 405)
2 Tl Salz
250 g Mozzarella
100 g frisch geriebener Parmesan

Zubereitungszeit: ca. 25 Minuten
(plus Zeit zum Gehen und Backen)
Pro Brot ca. 2761 kcal/11561 kJ
64 g E, 78 g F, 354 g KH

Weißbrot mit Mozzarella

Die Hefe in 50 ml lauwarmes Wasser bröckeln und ca. 5 Minuten ruhen lassen.

Den Mozzarella fein würfeln.

Das Mehl in eine Rührschüssel sieben. Salz, Mozzarella, Parmesan und 320 ml lauwarmes Wasser dazugeben und alles mit den Knethaken des Handrührgerätes zunächst auf niedrigster, dann auf höchster Stufe zu einem glatten Teig verarbeiten.

Die angerührte Hefe dazugeben und den Teig auf einer bemehlten Fläche gut durchkneten.

Den Teig 1 Stunde lang zugedeckt an einem warmen Ort gehen lassen.

Danach den Teig erneut gut durchkneten und anschließend mit bemehlten Händen zu einem runden Brotlaib formen.

Eine weitere Stunde gehen lassen, währenddessen den Backofen auf 250 °C vorheizen. Das Brot auf der mittleren Schiene ca. 25 Minuten backen.

Tomatenbrot

Die Hefe in 50 ml lauwarmes Wasser bröckeln und ca. 5 Minuten ruhen lassen.

Das Mehl in eine Rührschüssel sieben. Tomatenmark, Olivenöl, Salz und 50 ml lauwarmes Wasser dazugeben und alles mit den Knethaken des Handrührgerätes zunächst auf niedrigster, dann auf höchster Stufe zu einem glatten Teig verarbeiten.

Die angerührte Hefe dazugeben, den Teig auf einer bemehlten Fläche gut durchkneten und anschließend mit bemehlten Händen zu einem runden Brotlaib formen.

Den Teig 1 Stunde lang zugedeckt an einem warmen Ort gehen lassen.

Den Backofen auf 220 °C vorheizen. Das Brot auf der mittleren Schiene ca. 30 Minuten backen.

Zutaten für 1 Brot (ca. 500 g)

10 g Hefe
300 g Weizenmehl (Type 405)
100 g Tomatenmark
5 El Olivenöl
2 Tl Salz

Zubereitungszeit: ca. 15 Minuten
(plus Zeit zum Gehen und Backen)
Pro Brot ca. 1445 kcal/6046 kJ
36 g E, 43 g F, 226 g KH

Zutaten für 1 Brot (ca. 850 g)
20 g Hefe
500 g Weizenmehl (Type 405)
2 Tl Salz
80 g Pesto

Zubereitungszeit: ca. 20 Minuten
(plus Zeit zum Gehen und Backen)
Pro Brot ca. 2036 kcal/8536 kJ
65 g E, 6 g F, 361 g KH

Weißbrot mit Pesto

Die Hefe in 50 ml lauwarmes Wasser bröckeln und ca. 5 Minuten ruhen lassen.

Das Mehl in eine Rührschüssel sieben. Pesto, Salz und 250 ml lauwarmes Wasser dazugeben und alles mit den Knethaken des Handrührgerätes zunächst auf niedrigster, dann auf höchster Stufe zu einem glatten Teig verarbeiten.

Die angerührte Hefe dazugeben und den Teig auf einer bemehlten Fläche gut durchkneten.

Den Teig 1 Stunde lang zugedeckt an einem warmen Ort gehen lassen.

Danach den Teig erneut gut durchkneten und anschließend mit bemehlten Händen zu einem runden Brotlaib formen.

Das Brot eine weitere Stunde gehen lassen. Den Backofen auf 220 °C vorheizen. Das Brot auf der mittleren Schiene ca. 30 Minuten backen.

Zutaten für 1 Brot (ca. 850 g)

20 g Hefe
1 Paprikaschote
1 Zwiebel
1 Tl Olivenöl
500 g Weizenmehl (Type 405)
2 Tl Salz

Zubereitungszeit: ca. 20 Minuten
(plus Zeit zum Gehen und Backen)
Pro Brot ca. 1761 kcal/7376 kJ
64 g E, 6 g F, 354 g KH

Paprika-Zwiebel-Brot

Die Hefe in 50 ml lauwarmes Wasser bröckeln und ca. 5 Minuten ruhen lassen.

Die Paprikaschote putzen, waschen, entkernen und fein würfeln. Die Zwiebel schälen und fein hacken. Paprika- und Zwiebelwürfel etwa 5 Minuten im heißen Olivenöl andünsten.

Das Mehl in eine Rührschüssel sieben. Das Gemüse, Salz und 250 ml lauwarmes Wasser dazugeben und alles mit den Knethaken des Handrührgerätes zunächst auf niedrigster, dann auf höchster Stufe zu einem glatten Teig verarbeiten.

Die angerührte Hefe dazugeben und den Teig auf einer bemehlten Fläche gut durch-kneten.

Den Teig 1 Stunde lang zugedeckt an einem warmen Ort gehen lassen.

Danach den Teig erneut gut durchkneten und anschließend mit bemehlten Händen zu einem runden Brotlaib formen.

Das Brot eine weitere Stunde gehen lassen, währenddessen den Backofen auf 220 °C vorheizen. Das Brot auf der mittleren Schiene ca. 30 Minuten backen.

Zutaten für 1 Brot (ca. 500 g)
5 g Hefe
200 g Champinons
etwas Butter
300 g Weizenmehl (Type 405)
1 Tl Salz

Zubereitungszeit: ca. 20 Minuten
(plus Zeit zum Backen)
Pro Brot ca. 1127 kcal/4714 kJ
4 g E, 10 g F, 2 g KH

Brot mit Champignons

Die Hefe in 50 ml lauwarmes Wasser bröckeln und ca. 5 Minuten ruhen lassen.

Die Champignons putzen und in Scheiben oder Stückchen schneiden. Anschließend in Butter andünsten.

Das Weizenmehl in eine Rührschüssel sieben. Champignons, Salz und 100 ml lauwarmes Wasser dazugeben und alles mit den Knethaken des Handrührgerätes zunächst auf niedrigster, dann auf höchster Stufe zu einem glatten Teig verarbeiten.

Die angerührte Hefe dazugeben, den Teig auf einer bemehlten Fläche gut durchkneten und anschließend zu einem runden Brotlaib formen.

Das Brot in den kalten Ofen schieben und den Ofen auf 220 °C stellen. Das Brot 35 Minuten auf der mittleren Schiene backen.

Zutaten für 1 Brot (ca. 500 g)

10 g Hefe
1 Zwiebel
1 El Olivenöl
250 g Weizenmehl (Type 405)
1 Tl Salz

Zubereitungszeit: ca. 20 Minuten
(plus Zeit zum Gehen und Backen)
Pro Brot ca. 1185 kcal/4962 kJ
37 g E, 31 g F, 177 g KH

Zwiebelbrot

Die Hefe in 50 ml lauwarmes Wasser bröckeln und ca. 5 Minuten ruhen lassen.

Die Zwiebel schälen, fein würfeln und im heißen Olivenöl andünsten.

Das Mehl in eine Rührschüssel sieben. Zwiebel, Salz und 120 ml lauwarmes Wasser dazugeben und alles mit den Knethaken des Handrührgerätes zunächst auf niedrigster, dann auf höchster Stufe zu einem glatten Teig verarbeiten.

Die angerührte Hefe dazugeben und den Teig auf einer bemehlten Fläche gut durchkneten.

Den Teig 1 Stunde lang zugedeckt an einem warmen Ort gehen lassen.

Danach den Teig erneut gut durchkneten und anschließend mit bemehlten Händen zu einem länglichen Brotlaib formen.

Das Brot eine weitere Stunde gehen lassen. Den Backofen auf 250 °C vorheizen. Das Brot auf der mittleren Schiene ca. 25 Minuten backen.

Zutaten für ca. 5 Pittas
10 g Hefe
350 g Weizenmehl (Type 405)
1 Tl Salz
2 El Olivenöl

Zubereitungszeit: ca. 20 Minuten
(plus Zeit zum Gehen und Backen)
Pro Pitta ca. 273 kcal/1143 kJ
8 g E, 5 g F, 49 g KH

Pitta

Die Hefe in 50 ml lauwarmes Wasser bröckeln und ca. 5 Minuten ruhen lassen.

Das Mehl in eine Rührschüssel sieben. Olivenöl, Salz und 200 ml lauwarmes Wasser dazugeben und alles mit den Knethaken des Handrührgerätes zunächst auf niedrigster, dann auf höchster Stufe zu einem glatten Teig verarbeiten.

Die angerührte Hefe dazugeben und den Teig auf einer bemehlten Fläche gut durchkneten.

Den Teig 1 Stunde lang zugedeckt an einem warmen Ort gehen lassen.

Danach den Teig erneut gut durchkneten und anschließend mit bemehlten Händen zur flachen Fladen formen.

Die Pittas erneut eine halbe Stunde gehen lassen. Den Backofen auf 220 °C vorheizen. Die Pittas auf der mittleren Schiene ca. 10 Minuten backen, dann den Backofen auf 250 °C hochstellen und die Pittas weitere 5 Minuten backen.

Brötchen mit Speck

Die Hefe in 50 ml lauwarmes Wasser bröckeln und ca. 5 Minuten ruhen lassen.

Das Weizenmehl in eine Rührschüssel sieben. Salz, Speckwürfel und 130 ml lauwarmes Wasser dazugeben und alles mit den Knethaken des Handrührgerätes zunächst auf niedrigster, dann auf höchster Stufe zu einem glatten Teig verarbeiten.

Die angerührte Hefe dazugeben und den Teig auf einer bemehlten Fläche gut durchkneten.

Den Teig 1 Stunde lang zugedeckt an einem warmen Ort gehen lassen.

Danach den Teig erneut gut durchkneten und anschließend mit bemehlten Händen Brötchen formen.

Die Brötchen eine weitere Stunde gehen lassen. Den Backofen auf 250 °C vorheizen. Die Brötchen auf der mittleren Schiene ca. 25 Minuten backen.

Zutaten für ca. 7 Brötchen
10 g Hefe
300 g Weizenmehl (Type 405)
1 Tl Salz
150 g Speckwürfel

Zubereitungszeit ca. 20 Minuten
(plus Zeit zum Gehen und Backen)
Pro Brötchen ca. 213 kcal/893 kJ
5 g E, 6 g F, 30 g KH

Zutaten für ca. 5 Fladen

10 g Hefe
250 g Weizenmehl (Type 405)
100 g weiche Butter
1 Tl Salz
Öl zum Backen
Zucker zum Bestreuen

Zubereitungszeit ca. 20 Minuten
(plus Zeit zum Gehen und Backen)
Pro Brot ca. 324 kcal/1359 kJ
6 g E, 17 g F, 35 g KH

Butterfladen

Die Hefe in 50 ml lauwarmes Wasser bröckeln und ca. 5 Minuten ruhen lassen.

Das Weizenmehl in eine Rührschüssel sieben. Butter, Salz und 100 ml lauwarmes Wasser dazugeben und alles mit den Knethaken des Handrührgerätes zunächst auf niedrigster, dann auf höchster Stufe zu einem glatten Teig verarbeiten.

Die angerührte Hefe dazugeben und den Teig auf einer bemehlten Fläche gut durch-kneten.

Den Teig 1 Stunde lang zugedeckt an einem warmen Ort gehen lassen.

Danach den Teig erneut gut durchkneten und anschließend mit bemehlten Händen zu flachen Fladen formen.

Die Fladen in einer Pfanne in wenig Öl langsam von beiden Seiten jeweils etwa 5 Minuten backen. Anschließend mit Zucker bestreuen.

Bierbrot

Die Hefe in 50 ml lauwarmes Wasser bröckeln und ca. 5 Minuten ruhen lassen.

Weizenmehl in eine Rührschüssel sieben. Bier, Salz und 220 ml lauwarmes Wasser dazugeben und alles mit den Knethaken des Handrührgerätes zunächst auf niedrigster, dann auf höchster Stufe zu einem glatten Teig verarbeiten.

Die angerührte Hefe dazugeben und den Teig auf einer bemehlten Fläche gut durchkneten.

Den Teig 1 Stunde lang zugedeckt an einem warmen Ort gehen lassen.

Danach den Teig erneut gut durchkneten und anschließend mit bemehlten Händen zu einem länglichen Brotlaib formen.

Das Brot eine weitere Stunde gehen lassen. Den Backofen auf 250 °C vorheizen. Das Brot auf der mittleren Schiene ca. 25 Minuten backen.

Zutaten für 1 Brot (ca. 800 g)
20 g Hefe
500 g Weizenmehl (Type 405)
100 ml Bier
2 Tl Salz

Zubereitungszeit: ca. 20 Minuten
(plus Zeit zum Gehen und Backen)
Pro Brot ca. 1750 kcal/7330 kJ
64 g E, 6 g F, 354 g KH

Zutaten für ca. 7 Brötchen

10 g Hefe
100 g Weizenmehl (Type 405)
100 g Instantmehl (Type 405)
100 g Haferkleie
3 El Olivenöl
2 Tl Salz
1 Eigelb zum Bepinseln

Zubereitungszeit: ca. 20 Minuten
(plus Zeit zum Gehen und Backen)
Pro Brötchen ca. 144 kcal/602 kJ
6 g E, 2 g F, 20 g KH

Haferbrötchen

Die Hefe in 50 ml lauwarmes Wasser bröckeln und ca. 5 Minuten ruhen lassen.

Das Mehl in eine Rührschüssel sieben. Instantmehl, Haferkleie, Olivenöl, Salz und 50 ml lauwarmes Wasser dazugeben und alles mit den Knethaken des Handrührgerätes zunächst auf niedrigster, dann auf höchster Stufe zu einem glatten Teig verarbeiten.

Die angerührte Hefe dazugeben und den Teig auf einer bemehlten Fläche gut durchkneten.

Den Teig 1 Stunde lang zugedeckt an einem warmen Ort gehen lassen.

Danach den Teig erneut gut durchkneten und anschließend mit bemehlten Händen Brötchen formen.

Die Brötchen eine weitere Stunde gehen lassen. Den Backofen auf 250 °C vorheizen. Das Eigelb mit 1 El Wasser verrühren und die Brötchen damit bepinseln. Die Brötchen auf der mittleren Schiene ca. 20 Minuten backen.

Zutaten für 1 Brot (ca. 750 g)
10 g Hefe
400 g Weizenmehl (Type 405)
100 g Hinterkochschinken
2 Tl Salz

Zubereitungszeit: ca. 20 Minuten
(plus Zeit zum Gehen und Backen)
Pro Brot ca. 1463 kcal/6126 kJ
43 g E, 8 g F, 283 g KH

Schinkenbrot

Die Hefe in 50 ml lauwarmes Wasser bröckeln und ca. 5 Minuten ruhen lassen.

Den Schinken fein würfeln.

Das Mehl in eine Rührschüssel sieben. Schinken, Salz und 200 ml lauwarmes Wasser dazugeben und alles mit den Knethaken des Handrührgerätes zunächst auf niedrigster, dann auf höchster Stufe zu einem glatten Teig verarbeiten.

Die angerührte Hefe dazugeben und den Teig auf einer bemehlten Fläche gut durchkneten.

Den Teig 1 Stunde lang zugedeckt an einem warmen Ort gehen lassen.

Danach den Teig erneut gut durchkneten und anschließend mit bemehlten Händen zu einem runden Brotlaib formen.

Das Brot eine weitere Stunde gehen lassen. Den Backofen auf 200 °C vorheizen. Das Brot auf der mittleren Schiene ca. 35 Minuten backen.

Brötchen mit Feta-Käse

Die Hefe in 50 ml lauwarmes Wasser bröckeln und ca. 5 Minuten ruhen lassen.

Das Weizenmehl in eine Rührschüssel sieben. Salz und 320 ml lauwarmes Wasser dazugeben und alles mit den Knethaken des Handrührgerätes zunächst auf niedrigster, dann auf höchster Stufe zu einem glatten Teig verarbeiten.

Den Feta-Käse klein schneiden, die Kapern halbieren und alles zu dem Teig geben.

Die angerührte Hefe dazugeben und den Teig auf einer bemehlten Fläche gut durchkneten.

Den Teig 1 Stunde lang zugedeckt an einem warmen Ort gehen lassen.

Danach den Teig erneut gut durchkneten und anschließend mit bemehlten Händen flache Brötchen formen.

Die Brötchen eine weitere Stunde gehen lassen. Den Backofen auf 250 °C vorheizen. Die Brötchen mit Olivenöl bepinseln und auf der mittleren Schiene ca. 20 Minuten backen.

Die Brötchen noch warm erneut mit Olivenöl bepinseln.

Zutaten für ca. 10 Brötchen
20 g Hefe
500 g Weizenmehl (Type 405)
2 Tl Salz
400 g Feta-Käse
40 g Kapern
Olivenöl zum Bepinseln

Zubereitungszeit: ca. 25 Minuten
(plus Zeit zum Gehen und Backen)
Pro Brötchen ca. 280 kcal/1175 kJ
7 g E, 9 g F, 35 g KH

Zutaten für ca. 20 Brötchen

20 g Hefe
400 g Weizenmehl (Type 405)
30 g Margarine
2 Tl Salz

Zubereitungszeit: ca. 15 Minuten
(plus Zeit zum Gehen und Backen)
Pro Brötchen ca. 78 kcal/330 kJ
3 g E, 1 g F, 15 g KH

Pizzabrötchen

Die Hefe in 50 ml lauwarmes Wasser bröckeln und ca. 5 Minuten ruhen lassen.

Das Mehl in eine Rührschüssel sieben. Margarine, Salz und 150 ml lauwarmes Wasser dazugeben und alles mit den Knethaken des Handrührgerätes zunächst auf niedrigster, dann auf höchster Stufe zu einem glatten Teig verarbeiten.

Die angerührte Hefe dazugeben und den Teig auf einer bemehlten Fläche gut durchkneten. Anschließend mit bemehlten Händen Brötchen formen.

Die Brötchen 1 Stunde gehen lassen. Den Backofen auf 250 °C vorheizen. Die Brötchen auf der mittleren Schiene ca. 15 Minuten backen.

Zutaten für ca. 10 Brötchen

10 g Hefe
300 g Instantmehl (Type 405)
100 g Zwiebelschmalz
1 Tl Salz

Zubereitungszeit: ca. 20 Minuten
(plus Zeit zum Gehen und Backen)
Pro Brötchen ca. 175 kcal/734 kJ
4 g E, 8 g F, 21 g KH

Schmalzbrötchen

Die Hefe in 50 ml lauwarmes Wasser bröckeln und ca. 5 Minuten ruhen lassen.

Das Mehl in eine Rührschüssel geben. Zwiebelschmalz, Salz und 150 ml lauwarmes Wasser dazugeben und alles mit den Knethaken des Handrührgerätes zunächst auf niedrigster, dann auf höchster Stufe zu einem glatten Teig verarbeiten.

Die angerührte Hefe dazugeben und den Teig auf einer bemehlten Fläche gut durchkneten.

Den Teig 1 Stunde lang zugedeckt an einem warmen Ort gehen lassen.

Danach den Teig erneut gut durchkneten und anschließend mit bemehlten Händen Brötchen formen.

Die Brötchen eine weitere Stunde gehen lassen. Den Backofen auf 250 °C vorheizen. Die Brötchen auf der mittleren Schiene ca. 20 Minuten backen.

Zutaten für 5 Stück (à ca. 170 g)

15 g Hefe
500 g Weizenmehl (Type 405)
2 Tl Salz
50 ml Olivenöl

Zubereitungszeit ca. 20 Minuten (plus
Zeit zum Gehen und Backen)
Pro Fougasse ca. 433 kcal/1815 kJ
12 g E, 11 g F, 70 g KH

Fougasse

Die Hefe in 50 ml lauwarmes Wasser bröckeln und ca. 5 Minuten ruhen lassen.

Das Weizenmehl in eine Rührschüssel sieben. Salz, Olivenöl und 300 ml lauwarmes Wasser dazugeben und alles mit den Knethaken des Handrührgerätes zunächst auf niedrigster, dann auf höchster Stufe zu einem glatten Teig verarbeiten.

Die angerührte Hefe dazugeben und den Teig auf einer bemehlten Fläche gut durchkneten.

Den Teig 1 Stunde lang zugedeckt an einem warmen Ort gehen lassen.

Danach den Teig erneut gut durchkneten und anschließend in 5 Portionen teilen. Jede Portion zu einem Fladen formen. In jede Fladen 6 Einschnitte machen und mit den Fingern etwas auseinander ziehen. Die Teigstücke mit etwas Mehl bestäuben.

Die Fougassen eine weitere Stunde gehen lassen. Den Backofen auf 250 °C vorheizen. Die Fougassen auf der mittleren Schiene ca. 20 Minuten backen.

Zutaten für ca. 7 Stück
5 g Hefe
200 g Weizenmehl (Type 405)
2 Tl Salz
3 El Olivenöl
Öl zum Ausbacken

Zubereitungszeit: ca. 20 Minuten
(plus Zeit zum Gehen und Backen)
Pro Stück ca. 135 kcal/565 kJ
4 g E, 6 g F, 21 g KH

Lángos

Die Hefe in 50 ml lauwarmes Wasser bröckeln und ca. 5 Minuten ruhen lassen.

Das Mehl in eine Rührschüssel sieben. Salz, Olivenöl und 60 ml lauwarmes Wasser dazugeben und alles mit den Knethaken des Handrührgerätes zunächst auf niedrigster, dann auf höchster Stufe zu einem glatten Teig verarbeiten.

Die angerührte Hefe dazugeben und den Teig auf einer bemehlten Fläche gut durchkneten.

Den Teig 1 Stunde lang zugedeckt an einem warmen Ort gehen lassen.

Danach den Teig erneut gut durchkneten und anschließend 7 flache Fladen daraus formen. Die Fladen auf einem bemehlten Brett dünn ausrollen.

Die Fladen in heißem Fett ausbacken.

Zutaten für ca. 20 Kugeln
5 g Hefe
250 g Weizenmehl (Type 405)
50 g frisch geriebener Parmesan
5 El Olivenöl
1 Tl Salz
Olivenöl zum Bestreichen

Zubereitungszeit: ca. 15 Minuten
(plus Zeit zum Gehen und Backen)
Pro Brötchen ca. 73 kcal/309 kJ
2,5 g E, 3 g F, 9 g KH

Parmesankugeln

Die Hefe in 50 ml lauwarmes Wasser bröckeln und ca. 5 Minuten ruhen lassen.

Das Mehl in eine Rührschüssel sieben. Parmesan, Olivenöl, Salz und 50 ml lauwarmes Wasser dazugeben und alles mit den Knethaken des Handrührgerätes zunächst auf niedrigster, dann auf höchster Stufe zu einem glatten Teig verarbeiten.

Die angerührte Hefe dazugeben und den Teig auf einer bemehlten Fläche gut durchkneten.

Mit bemehlten Händen Kugeln formen und diese 1 Stunde lang zugedeckt an einem warmen Ort gehen lassen.

Den Backofen auf 250°C vorheizen. Die Kugeln mit Olivenöl bepinseln und auf der mittleren Schiene ca. 15 Minuten backen.

Garnelenstange

Die Hefe in 50 ml lauwarmes Wasser bröckeln und ca. 5 Minuten ruhen lassen.

Das Weizen-Vollkornmehl in eine Rührschüssel sieben. Garnelen, Zitronensaft, Dillspitzen, Salz und 150 ml Wasser dazugeben und alles mit den Knethaken des Handrührgerätes zunächst auf niedrigster, dann auf höchster Stufe zu einem glatten Teig verarbeiten.

Die angerührte Hefe dazugeben und den Teig auf einer bemehlten Fläche gut durchkneten.

Den Teig teilen und daraus zwei längliche Brotlaibe formen.

Die Brote in den kalten Ofen schieben und Ofen auf 200 °C stellen. Die Garnelenstangen 60 Minuten auf der mittleren Schiene backen.

Zutaten für 2 Stangen (à ca. 180 g)

10 g Hefe
200 g Weizen-Vollkornmehl
100 g küchenfertige Garnelen
10 ml Zitronensaft
1 El Dillspitzen
1 Tl Salz

Zubereitungszeit ca. 15 Minuten
(plus Zeit zum Backen)
Pro Brot ca. 358 kcal/1500 kJ
19 g E, 3 g F, 60 g KH

Zutaten für ca. 40 Stück
10 g Hefe
300 g Weizenmehl (Type 405)
50 g Margarine
200 g Schmand
2 Eigelb
3 Tl Salz

Zubereitungszeit: ca. 25 Minuten
(plus Zeit zum Gehen und Backen)
Pro Pogácsa ca. 50 kcal/208 kJ
1 g E, 3 g F, 5 g KH

Pogácsa

Die Hefe in 50 ml lauwarmes Wasser bröckeln und ca. 5 Minuten ruhen lassen.

Das Mehl in eine Rührschüssel sieben. Margarine, Schmand, Eigelb und Salz dazugeben und alles mit den Knethaken des Handrührgerätes zunächst auf niedrigster, dann auf höchster Stufe zu einem glatten Teig verarbeiten.

Die angerührte Hefe dazugeben und den Teig auf einer bemehlten Fläche gut durchkneten.

Den Teig 1 Stunde zugedeckt gehen lassen.

Den Teig auf einer bemehlten Fläche etwa fingerdick ausrollen und mit einer runden Form (3,5 cm Durchmesser) die Pogácsas ausstechen. Die Oberfläche der Pogácsas kreuzförmig einschneiden.

Den Backofen auf 250 °C vorheizen. Die Pogácsas auf der mittleren Schiene ca. 10 Minuten backen. Nach Belieben mit Zucker bestreuen.

Lachsbrot

Die Hefe in 50 ml lauwarmes Wasser bröckeln und ca. 5 Minuten ruhen lassen.

Das Mehl in eine Rührschüssel sieben und den Lachs mit einer Gabel zerdrücken oder pürieren. Salz, Lachs und 300 ml lauwarmes Wasser zum Mehl geben und alles mit den Knethaken des Handrührgerätes zunächst auf niedrigster, dann auf höchster Stufe zu einem glatten Teig verarbeiten.

Die angerührte Hefe dazugeben und den Teig auf einer bemehlten Fläche gut durchkneten.

Den Teig 1 Stunde lang zugedeckt an einem warmen Ort gehen lassen.

Danach den Teig erneut gut durchkneten und anschließend mit bemehlten Händen zu einem runden Brotlaib formen.

Das Brot eine weitere Stunde gehen lassen. Den Backofen auf 250 °C vorheizen. Das Brot auf der mittleren Schiene ca. 25 Minuten backen.

Zutaten für 1 Brot (ca. 900 g)
10 g Hefe
250 g Weizenmehl (Type 405)
250 g Roggenmehl (Type 997)
1 Tl Salz
100 g Lachsfilet

Zubereitungszeit: ca. 20 Minuten
(plus Zeit zum Gehen und Backen)
Pro Brot ca. 1853 kcal/7753 kJ
65 g E, 6 g F, 356 g KH

Zutaten für 1 Brot (ca. 800 g)

10 g Hefe
200 ml Milch
100 g getrocknete Aprikosen
100 g getrocknete Feigen
350 g Weizenmehl (Type 405)
50 g Zucker
100 g Rosinen
1 Prise Salz
1 Eigelb zum Bestreichen

Zubereitungszeit: ca. 20 Minuten
(plus Zeit zum Backen)
Pro Brot ca. 1921 kcal/8040 kJ
47 g E, 12 g F, 395 g KH

Früchtebrot

Die Hefe in 50 ml lauwarme Milch bröckeln und ca. 5 Minuten ruhen lassen.

Die Aprikosen und Feigen klein schneiden.

Das Weizenmehl in eine Rührschüssel sieben. Zucker, Rosinen, Aprikosen, Feigen, Salz und 150 ml lauwarme Milch dazugeben und alles mit den Knethaken des Handrühr-gerätes zunächst auf niedrigster, dann auf höchster Stufe zu einem glatten Teig ver-arbeiten.

Die angerührte Hefe dazugeben und den Teig auf einer bemehlten Fläche gut durch-kneten.

Aus dem Teig einen länglichen Brotlaib formen. Das Eigelb mit 1 El Wasser verrühren und das Brot damit bestreichen.

Den Backofen auf 250 °C vorheizen. Das Brot auf der mittleren Schiene ca. 25 Minuten backen.

Zutaten für ca. 20 Stangen
5 g Hefe
250 g Weizenmehl (Type 405)
100 ml Milch
2 Tl Salz

Zubereitungszeit: ca. 15 Minuten
(plus Zeit zum Gehen und Backen)
Pro Stück ca. 61 kcal/256 kJ
2 g E, 1 g F, 8 g KH

Grissini

Die Hefe in 50 ml lauwarmes Wasser bröckeln und ca. 5 Minuten ruhen lassen.

Das Mehl in eine Rührschüssel sieben. Salz und 100 ml lauwarme Milch dazugeben und alles mit den Knethaken des Handrührgerätes zunächst auf niedrigster, dann auf höchster Stufe zu einem glatten Teig verarbeiten.

Die angerührte Hefe dazugeben und den Teig auf einer bemehlten Fläche gut durchkneten.

Den Teig etwa 1 cm dick ausrollen und in 1 cm breite Streifen schneiden.

Die Streifen eine halbe Stunde lang zugedeckt an einem warmen Ort gehen lassen.

Den Backofen auf 250 °C vorheizen. Die Grissini auf der mittleren Schiene ca. 10 Minuten backen.

Zutaten für ca. 9 Brötchen

20 g Hefe
500 g Weizenmehl (Type 405)
2 Tl Salz
30 g gehobelte Mandeln
30 g Sonnenblumenkerne
1 Eigelb zum Bepinseln

Zubereitungszeit: ca. 20 Minuten
(plus Zeit zum Gehen und Backen)
Pro Brötchen ca. 230 kcal/966 kJ
8 g E, 4 g F, 40 g KH

Brötchenkranz

Die Hefe in 50 ml lauwarmes Wasser bröckeln und ca. 5 Minuten ruhen lassen.

Das Weizenmehl in eine Rührschüssel sieben. Salz und 320 ml lauwarmes Wasser dazugeben und alles mit den Knethaken des Handrührgerätes zunächst auf niedrigster, dann auf höchster Stufe zu einem glatten Teig verarbeiten.

Die angerührte Hefe dazugeben und den Teig auf einer bemehlten Fläche gut durchkneten.

Den Teig 1 Stunde lang zugedeckt an einem warmen Ort gehen lassen.

Danach den Teig erneut gut durchkneten und anschließend in 3 Portionen teilen. In eine Portion die gehobelten Mandeln, in eine weitere Portion die Sonnenblumenkerne einarbeiten.

Jede Teigportion zu je 3 Brötchen formen. Die Brötchen zu einem Kranz zusammenlegen und eine weitere Stunde gehen lassen. Den Backofen auf 250 °C vorheizen.

Das Eigelb mit 1 El Wasser umrühren und 3 Brötchen damit bepinseln. Weitere 3 Brötchen mit Wasser bepinseln. Die Brötchen auf der mittleren Schiene ca. 20 Minuten backen.

Zutaten für ca. 10 Brötchen
20 g Hefe
500 g Weizenmehl (Type 405)
2 Tl Salz
100 g geriebener Gouda

Zubereitungszeit ca. 20 Minuten
(plus Zeit zum Gehen und Backen)
Pro Brötchen ca. 206 kcal/864 kJ
8 g E, 4 g F, 36 g KH

Brötchen mit Käse

Die Hefe in 50 ml lauwarmes Wasser bröckeln und ca. 5 Minuten ruhen lassen.

Das Weizenmehl in eine Rührschüssel sieben. Salz, Käse und 320 ml lauwarmes Wasser dazugeben und alles mit den Knethaken des Handrührgerätes zunächst auf niedrigster, dann auf höchster Stufe zu einem glatten Teig verarbeiten.

Die angerührte Hefe dazugeben und den Teig auf einer bemehlten Fläche gut durchkneten.

Den Teig 1 Stunde lang zugedeckt an einem warmen Ort gehen lassen.

Danach den Teig erneut gut durchkneten und anschließend mit bemehlten Händen Brötchen formen.

Die Brötchen eine weitere Stunde gehen lassen. Den Backofen auf 250 °C vorheizen. Die Brötchen auf der mittleren Schiene ca. 25 Minuten backen.

Gorgonzola-Fladen

Die Hefe in 50 ml lauwarmes Wasser bröckeln und ca. 5 Minuten ruhen lassen.

Das Mehl in eine Rührschüssel sieben. Gorgonzola und 70 ml lauwarmes Wasser dazugeben und alles mit den Knethaken des Handrührgerätes zunächst auf niedrigster, dann auf höchster Stufe zu einem glatten Teig verarbeiten.

Die angerührte Hefe dazugeben, den Teig auf einer bemehlten Fläche gut durchkneten.

Den Teig 30 Minuten lang zugedeckt an einem warmen Ort gehen lassen.

Danach den Teig erneut gut durchkneten und anschließend mit bemehlten Händen zu einem flachen Fladen dünn ausrollen.

Den Backofen auf 250 °C vorheizen. Den Fladen in einer Backform (30 cm Durchmesser) auf der mittleren Schiene ca. 15 Minuten backen.

Zutaten für 1 Fladen (ca. 450 g)

10 g Hefe
300 g Weizenmehl (Type 405)
150 g Gorgonzola

Zubereitungszeit: ca. 10 Minuten
(plus Zeit zum Gehen und Backen)
Pro Brot ca. 1569 kcal/6572 kJ
38 g E, 48 g F, 220 g KH

Zutaten für ca. 8 Brezeln

5 g Hefe
250 g Weizenmehl (Type 405)
100 g Schmand
50 g Margarine
1 Tl Salz

Zubereitungszeit: ca. 20 Minuten
(plus Zeit zum Backen)
Pro Stück ca. 182 kcal/762 kJ
3 g E, 8 g F, 22 g KH

Brezel

Die Hefe in 50 ml lauwarmes Wasser bröckeln und ca. 5 Minuten ruhen lassen.

Das Weizenmehl in eine Rührschüssel sieben. Schmand, Margarine und Salz dazugeben und alles mit den Knethaken des Handrührgerätes zunächst auf niedrigster, dann auf höchster Stufe zu einem glatten Teig verarbeiten.

Die angerührte Hefe dazugeben und den Teig auf einer bemehlten Fläche gut durchkneten.

Aus dem Teig fingerdicke Stränge von ca. 20 cm Länge rollen und zu Brezeln formen.

Den Backofen auf 200 °C vorheizen. Die Brezeln auf der mittleren Schiene ca. 35 Minuten backen. Anschließend den Backofen auf 250 °C stellen und die Brezeln weitere 5 Minuten backen.

Zutaten für ca. 10 Brötchen
10 g Hefe
400 g Weizenmehl (Type 405)
300 ml Milch
200 g Zucker
100 g Belegkirschen
1 Prise Salz

Zubereitungszeit: ca. 15 Minuten
(plus Zeit zum Gehen und Backen)
Pro Brötchen ca. 267 kcal/1118kJ
5 g E, 2 g F, 31 g KH

Kirschbrötchen

Die Hefe in 50 ml lauwarme Milch bröckeln und ca. 5 Minuten ruhen lassen.

Die Belegkirschen halbieren.

Das Weizenmehl in eine Rührschüssel geben. Zucker, Belegkirschen, Salz und 250 ml lauwarme Milch dazugeben und alles mit den Knethaken des Handrührgerätes zunächst auf niedrigster, dann auf höchster Stufe zu einem glatten Teig verarbeiten.

Die angerührte Hefe dazugeben und den Teig auf einer bemehlten Fläche gut durchkneten.

Den Teig 1 Stunde lang zugedeckt an einem warmen Ort gehen lasen.

Danach den Teig erneut durchkneten und mit nassen Händen Brötchen formen.

Den Backofen auf 220 °C vorheizen. Die Brötchen auf der mittleren Schiene ca. 25 Minuten backen.

Zutaten für ca. 12 Brötchen

10 g Hefe
200 ml Milch
400 g Weizenmehl (Type 405)
200 g gemahlene Mandeln
200 g Zucker
2 Eier
1 Prise Salz

Zubereitungszeit: ca. 20 Minuten
(plus Zeit zum Gehen und Backen)
Pro Brötchen ca. 288 kcal/1202 kJ
7g E, 10 g F, 42 g KH

Mandelbrötchen

Die Hefe in 50 ml lauwarme Milch bröckeln und ca. 5 Minuten ruhen lassen.

Das Mehl in eine Rührschüssel sieben. Gemahlene Mandeln, Zucker, Eier, Salz und 150 ml lauwarme Milch dazugeben und alles mit den Knethaken des Handrührgerätes zunächst auf niedrigster, dann auf höchster Stufe zu einem glatten Teig verarbeiten.

Die angerührte Hefe dazugeben und den Teig auf einer bemehlten Fläche gut durchkneten.

Den Teig 1 Stunde lang zugedeckt an einem warmen Ort gehen lassen.

Danach den Teig erneut gut durchkneten und anschließend mit bemehlten Händen Brötchen formen.

Die Brötchen eine weitere Stunde gehen lassen. Den Backofen auf 250 °C vorheizen. Die Brötchen auf der mittleren Schiene ca. 15 Minuten backen.

Zutaten für ca. 20 Hörnchen

10 g Hefe
700 g Weizenmehl (Type 405)
300 ml Milch
200 g Zucker
100 g Butter
1 Prise Salz
Eigelb zum Bestreichen

Zubereitungszeit: ca. 15 Minuten
(plus Zeit zum Gehen und Backen)
Pro Hörnchen ca. 205 kcal/860 kJ
4 g E, 5 g F, 35 g KH

Butterhörnchen

Die Hefe in 50 ml lauwarme Milch bröckeln und ca. 5 Minuten ruhen lassen.

Das Weizenmehl in eine Rührschüssel sieben. Zucker, Butter, Salz und 250 ml lauwarme Milch dazugeben und alles mit den Knethaken des Handrührgerätes zunächst auf niedrigster, dann auf höchster Stufe zu einem glatten Teig verarbeiten.

Die angerührte Hefe dazugeben und den Teig auf einer bemehlten Fläche gut durchkneten.

Den Teig 1 Stunde lang zugedeckt an einem warmen Ort gehen lassen.

Den Teig in 20 Portionen teilen. Jede Portion zu einem Rechteck ausrollen und zu einem Hörnchen aufrollen.

Den Backofen auf 250 °C vorheizen. Die Hörnchen mit Eigelb bestreichen und auf der mittleren Schiene ca. 15 Minuten backen.

Zutaten für 1 Stuten (ca. 650 g)

10 g Hefe
400 g Weizenmehl (Type 405)
200 ml Milch
100 g Zucker
1 Prise Salz
Fett für die Form

Zubereitungszeit: ca.15 Minuten
(plus Zeit zum Gehen und Backen)
Pro Stuten ca. 1889 kcal/7905 kJ
48 g E, 11 g F, 393 g KH

Milchstuten

Die Hefe in 50 ml lauwarme Milch bröckeln und ca. 5 Minuten ruhen lassen.

Das Mehl in eine Rührschüssel sieben. Zucker, Salz und 150 ml lauwarme Milch dazugeben und alles mit den Knethaken des Handrührgerätes zunächst auf niedrigster, dann auf höchster Stufe zu einem glatten Teig verarbeiten.

Die angerührte Hefe dazugeben und den Teig auf einer bemehlten Fläche gut durchkneten.

Den Teig 1 Stunde lang zugedeckt an einem warmen Ort gehen lassen.

Den Teig in eine längliche, ausgefettete Form geben.

Den Backofen auf 170 °C vorheizen. Den Stuten auf der mittleren Schiene ca. 45 Minuten backen.

Gurken-Brötchen

Die Hefe in 50 ml lauwarmes Wasser bröckeln und ca. 5 Minuten ruhen lassen.

Die Gurke schälen, entkernen und das Fruchtfleisch fein raspeln.

Das Mehl in eine Rührschüssel sieben. Gurke, Salz und 120 ml lauwarmes Wasser dazugeben und alles mit den Knethaken des Handrührgerätes zunächst auf niedrigster, dann auf höchster Stufe zu einem glatten Teig verarbeiten.

Die angerührte Hefe dazugeben und den Teig auf einer bemehlten Fläche gut durchkneten.

Den Teig 1 Stunde lang zugedeckt an einem warmen Ort gehen lassen.

Danach den Teig erneut gut durchkneten und anschließend mit bemehlten Händen Brötchen formen.

Die Brötchen eine weitere Stunde gehen lassen. Den Backofen auf 250 °C vorheizen. Die Brötchen mit Olivenöl bestreichen und auf der mittleren Schiene ca. 20 Minuten backen.

Zutaten für ca. 5 Brötchen
5 g Hefe
250 g Weizenmehl (Type 405)
1 Tl Salz
100 g Gurke
Olivenöl zum Bestreichen

Zubereitungszeit: ca. 20 Minuten
(plus Zeit zum Gehen und Backen)
Pro Brötchen ca. 171 kcal/718 kJ
5 g E, 1 g F, 36 g KH

Zutaten für 1 Brot (ca. 900 g)
20 g Hefe
250 g Weizenmehl (Type 405)
250 g Instantmehl (Type 405)
2 Tl Salz
320 ml Buttermilch

Zubereitungszeit: ca. 20 Minuten
(plus Zeit zum Gehen und Backen)
Pro Brot ca. 1832 kcal/7669 kJ
53 g E, 7 g F, 355 g KH

Buttermilchbrot

Die Hefe in 50 ml lauwarmes Wasser bröckeln und ca. 5 Minuten ruhen lassen.

Das Weizenmehl in eine Rührschüssel sieben. Instantmehl, Salz und die Buttermilch dazugeben und alles mit den Knethaken des Handrührgerätes zunächst auf niedrigster, dann auf höchster Stufe zu einem glatten Teig verarbeiten.

Die angerührte Hefe dazugeben und den Teig auf einer bemehlten Fläche gut durchkneten.

Den Teig 1 Stunde lang zugedeckt an einem warmen Ort gehen lassen.

Danach den Teig erneut gut durchkneten und anschließend mit bemehlten Händen zu einem länglichen Brotlaib formen.

Das Brot eine weitere Stunde gehen lassen. Den Backofen auf 220 °C vorheizen. Das Brot auf der mittleren Schiene ca. 30 Minuten backen.

Paprikabrot

Die Hefe in 50 ml lauwarmes Wasser bröckeln und ca. 5 Minuten ruhen lassen.

Das Mehl in eine Rührschüssel sieben. Salz, Paprikapulver und 100 ml lauwarmes Wasser dazugeben und alles mit den Knethaken des Handrührgerätes zunächst auf niedrigster, dann auf höchster Stufe zu einem glatten Teig verarbeiten.

Die angerührte Hefe dazugeben und den Teig auf einer bemehlten Fläche gut durchkneten.

Den Teig 1 Stunde lang zugedeckt an einem warmen Ort gehen lassen.

Danach den Teig erneut gut durchkneten und anschließend mit bemehlten Händen zu einem runden Brotlaib formen.

Den Backofen auf 250 °C vorheizen. Das Brot auf der mittleren Schiene ca. 25 Minuten backen.

Zutaten für 1 Brot (ca. 400 g)

5 g Hefe
250 g Weizenmehl (Type 405)
1 Tl Salz
3 El Paprikapulver

Zubereitungszeit: ca. 20 Minuten
(plus Zeit zum Gehen und Backen)
Pro Brot ca. 846 kcal/3539 kJ
26 g E, 3 g F, 177 g KH

Zutaten für ca. 5 Brötchen

5 g Hefe
250 g Weizenmehl (Type 405)
1 Tl Salz
50 g getrocknete Tomaten in Öl
Olivenöl zum Bestreichen

Zubereitungszeit: ca. 20 Minuten
(plus Zeit zum Gehen und Backen)
Pro Brötchen ca. 171 kcal/715 kJ
5 g E, 1 g F, 36 g KH

Brötchen mit getrockneten Tomaten

Die Hefe in 50 ml lauwarmes Wasser bröckeln und ca. 5 Minuten ruhen lassen.

Die Tomaten abtropfen lassen und klein hacken.

Das Weizenmehl in eine Rührschüssel sieben. Salz, die klein gehackten Tomaten und 100 ml lauwarmes Wasser dazugeben und alles mit den Knethaken des Handrührgerätes zunächst auf niedrigster, dann auf höchster Stufe zu einem glatten Teig verarbeiten.

Die angerührte Hefe dazugeben und den Teig auf einer bemehlten Fläche gut durchkneten.

Den Teig 1 Stunde lang zugedeckt an einem warmen Ort gehen lassen.

Danach den Teig erneut gut durchkneten und anschließend mit bemehlten Händen Brötchen formen.

Die Brötchen eine weitere Stunde gehen lassen. Den Backofen auf 250 °C vorheizen. Die Brötchen mit Olivenöl bestreichen und auf der mittleren Schiene ca. 25 Minuten backen.

Zutaten für 1 Brot (ca. 400 g)
5 g Hefe
250 g Weizenmehl (Type 405)
1 Tl Salz
1 Bund Petersilie
Olivenöl zum Bestreichen

Zubereitungszeit: ca. 20 Minuten
(plus Zeit zum Gehen und Backen)
Pro Brot ca. 842 kcal/ 3540 kJ
26 g E, 3 g F, 177 g KH

Brot mit Petersilie

Die Hefe in 50 ml lauwarmes Wasser bröckeln und ca. 5 Minuten ruhen lassen.

Die Petersilie waschen, trocknen und fein hacken.

Das Weizenmehl in eine Rührschüssel sieben. Salz, Petersilie und 100 ml lauwarmes Wasser dazugeben und alles mit den Knethaken des Handrührgerätes zunächst auf niedrigster, dann auf höchster Stufe zu einem glatten Teig verarbeiten.

Die angerührte Hefe dazugeben und den Teig auf einer bemehlten Fläche gut durchkneten.

Den Teig 1 Stunde lang zugedeckt an einem warmen Ort gehen lassen.

Danach den Teig erneut gut durchkneten und anschließend mit bemehlten Händen zu einem runden Brotlaib formen.

Den Backofen auf 250 °C vorheizen. Das Brot mit Olivenöl bestreichen und auf der mittleren Schiene ca. 25 Minuten backen.

Quarkbrot

Die Hefe in 50 ml lauwarmes Wasser bröckeln und ca. 5 Minuten ruhen lassen.

Das Mehl in eine Rührschüssel sieben. Salz, Quark und 100 ml lauwarmes Wasser dazugeben und alles mit den Knethaken des Handrührgerätes zunächst auf niedrigster, dann auf höchster Stufe zu einem glatten Teig verarbeiten.

Die angerührte Hefe dazugeben und den Teig auf einer bemehlten Fläche gut durchkneten.

Den Teig 1 Stunde lang zugedeckt an einem warmen Ort gehen lassen.

Danach den Teig erneut gut durchkneten und anschließend in eine eingefettete viereckige Backform (ca. 17 cm x 17 cm) geben.

Den Backofen auf 250 °C vorheizen. Das Brot auf der mittleren Schiene ca. 25 Minuten backen.

Zutaten für 1 Brot (ca. 400 g)

5 g Hefe
250 g Weizenmehl (Type 405)
1 Tl Salz
250 g Quark (40 %)
Öl für die Form

Zubereitungszeit: ca. 20 Minuten
(plus Zeit zum Gehen und Backen)
Pro Brot ca. 1034 kcal/4327 kJ
61 g E, 3 g F, 187 g KH

Zutaten für ca. 5 Brötchen

5 g Hefe
250 g Weizenmehl (Type 405)
1 Tl Salz
100 g Salami
Eigelb zum Bestreichen

Zubereitungszeit: ca. 20 Minuten
(plus Zeit zum Gehen und Backen)
Pro Brötchen ca. 248 kcal/1038 kJ
10 g E, 7 g F, 36 g KH

Salamibrötchen

Die Hefe in 50 ml lauwarmes Wasser bröckeln und ca. 5 Minuten ruhen lassen.

Die Salami fein würfeln.

Das Mehl in eine Rührschüssel sieben. Salz, Salami und 100 ml lauwarmes Wasser dazugeben und alles mit den Knethaken des Handrührgerätes zunächst auf niedrigster, dann auf höchster Stufe zu einem glatten Teig verarbeiten.

Die angerührte Hefe dazugeben und den Teig auf einer bemehlten Fläche gut durchkneten.

Den Teig 1 Stunde lang zugedeckt an einem warmen Ort gehen lassen.

Danach den Teig erneut gut durchkneten und anschließend mit bemehlten Händen Brötchen formen.

Die Brötchen eine weitere Stunde gehen lassen. Den Backofen auf 250 °C vorheizen. Das Eigelb mit 1 El Wasser verrühren und die Brötchen damit bepinseln. Die Brötchen auf der mittleren Schiene ca. 25 Minuten backen.

Sauerteigbrot

Die Backform mit dem Kneter in den Brotbackautomaten einsetzen. Die Zutaten in der angegebenen Reihenfolge in die Backform einfüllen.

Anschließend das Basis- bzw. Grundprogramm einstellen und das Gerät starten.

Tipp

Zu diesem herzhaften Brot passt hervorragend bayerischer Obatzter oder ein Aufstrich aus Edelpilzkäse und Frischkäse.

Zutaten für 1 Brot

Für Brotbackautomaten mit
750–1000 g Fassungsvermögen

50 g Trockensauerteig
350 ml Wasser
1 1/2 El Butter oder Margarine
3 Tl Salz
2 Tl Zucker
180 g Roggenmehl Type 997
360 g Weizenmehl Type 1050
20 g frische Hefe

Zubereitungszeit: variiert je nach
Gerätetyp
Pro Brot ca. 2130 kcal/8900 kJ
61 g E, 26 g F, 407 g KH

Zutaten für 1 Brot

Für Brotbackautomaten mit
750–1000 g Fassungsvermögen

200 ml Wasser oder Milch
100 g Vollmilchjoghurt
1 Tl Salz
2 El Zucker
540 g Weizenmehl Type 550
3/4 Päckchen Trockenhefe

Zubereitungszeit: variiert je nach
Gerätetyp
1 Pro Brot ca. 2040 kcal/8540 kJ
62 g E, 13 g F, 410 g KH

Joghurtbrot

Die Backform mit dem Kneter in den Brotbackautomaten einsetzen. Die Zutaten in der angegebenen Reihenfolge in die Backform einfüllen.

Anschließend das Basis- bzw. Grundprogramm einstellen und das Gerät starten.

Tipp

Dieses sanfte Brot eignet sich sowohl für herzhafte Sandwiches (z.B. mit Putenschinken, Gouda oder Salami) als auch zum Frühstück mit Marmelade oder Kräuterquark.

Zutaten für 1 Brot

Für Brotbackautomaten mit
750–1000 g Fassungsvermögen

100 g durchwachsener Speck
300 ml Buttermilch
540 g Roggenmehl Type 815
1/2 Tl Salz
75 ml Sauerteigansatz

Zubereitungszeit: variiert je nach
Gerätetyp
Pro Brot ca. 2660 kcal/11 120 kJ
53 g E, 84 g F, 417 g KH

Herzhaftes Speckbrot

Den Speck in feine Würfel schneiden.

Die Backform mit dem Kneter in den Brotbackautomaten einsetzen. Die Zutaten in der angegebenen Reihenfolge in die Backform einfüllen.

Anschließend das Basis- bzw. Grundprogramm einstellen und das Gerät starten.

Tipp

Servieren Sie zu diesem herzhaften Brot feines Gänse- oder würziges Griebenschmalz.

Kartoffelbrot mit Dinkelmehl

Die Backform mit dem Kneter in den Brotbackautomaten einsetzen. Die Zutaten in der angegebenen Reihenfolge in die Backform einfüllen.

Anschließend das Basis- bzw. Grundprogramm einstellen und das Gerät starten.

Tipp

Nehmen Sie für dieses Rezept möglichst mehlig kochende Kartoffeln, denn sie enthalten mehr Stärke und zerfallen beim Kneten besser.

Zutaten für 1 Brot
Für Brotbackautomaten mit
1000–1300 g Fassungsvermögen

170 ml Buttermilch
1 Tl Butter
340 g Kartoffeln (bereits geschält, gegart und grob zerdrückt)
1 1/2 Tl Salz
1 Tl Zucker
400 g Dinkelmehl Type 630
100 g Dinkelvollkornmehl
1 Päckchen Trockenhefe

Zubereitungszeit: variiert je nach Gerätetyp
Pro Brot ca. 2040 kcal/8530 kJ
69 g E, 14 g F, 400 g KH

Für Brotbackautomaten mit
1000–1300 g Fassungsvermögen

150 ml Wasser
150 ml Milch
30 g weiche Butter
500 g Weizenmehl Type 550
1 Tl Salz
1 Tl Zucker
1 Päckchen Trockenhefe

Zubereitungszeit: variiert je nach
Gerätetyp
Pro Brot ca. 2050 kcal/8570 kJ
57 g E, 36 g F, 368 g KH

Toastbrot

Die Backform mit dem Kneter in den Brotbackautomaten einsetzen. Die Zutaten in der angegebenen Reihenfolge in die Backform einfüllen.

Anschließend das Basis- bzw. Grundprogramm einstellen und das Gerät starten.

Tipp

Dieses Brot ist sehr weich. Wenn Sie es toasten möchten, lassen Sie es besser 1 Tag ruhen.

Mehrkorntoastbrot

Die Backform mit dem Kneter in den Brotbackautomaten einsetzen. Alle Zutaten (bis auf den Leinsamen zum Bestreuen) in der angegebenen Reihenfolge in die Backform einfüllen.

Anschließend das Basis- bzw. Grundprogramm einstellen und das Gerät starten.

Das Brot nach dem letzten Knetvorgang mit dem restlichen Leinsamen bestreuen.

Tipp

Das Mehrkorntoastbrot schmeckt sowohl pur als auch getoastet sehr lecker – besonders zu Aprikosen- und Orangenmarmelade oder aber Pflaumenmus.

Zutaten für 1 Brot

Für Brotbackautomaten mit 1000–1300 g Fassungsvermögen

250 ml Milch
75 g weiche Butter
250 g Weizenmehl Type 405
250 g Weizenmehl Type 550
1 Tl Salz
1 Tl Zucker
1 El Sesamsaat
1 El Leinsamen
1 El Sonnenblumenkerne
1 Päckchen Trockenhefe
1 El Leinsamen zum Bestreuen

Zubereitungszeit: variiert je nach Gerätetyp
Pro Brot ca. 2580 kcal/10 780 kJ
65 g E, 90 g F, 373 g KH

Kümmelbrot

Die Backform mit dem Kneter in den Brotbackautomaten einsetzen. Die Zutaten in der angegebenen Reihenfolge in die Backform einfüllen.

Anschließend das Basis- bzw. Grundprogramm einstellen und das Gerät starten.

Tipp

Zu diesem würzigen Brot passen pikante Brotbeläge hervorragend, z.B. Knochenschinken oder Heringssalat.

Zutaten für 1 Brot
Für Brotbackautomaten mit
1000–1300 g Fassungsvermögen

1 El Öl
200 ml Wasser
250 g Magerquark
500 g Weizenmehl Type 550
2 Tl Kümmel
1 Tl Zucker
1 1/2 Tl Salz
1 Tl Weizensauerteig (getrocknet)
1 Päckchen Trockenhefe

Zubereitungszeit: variiert je nach Gerätetyp
Pro Brot ca. 2040 kcal/8530 kJ
88 g E, 17 g F, 375 g KH

Zutaten für 1 Brot

Für Brotbackautomaten mit
1000–1300 g Fassungsvermögen

500 ml Buttermilch
500 g Weizenvollkornmehl
100 g Röstzwiebeln
1 Tl Zucker
1 1/2 Tl Salz
1 Päckchen Trockenhefe

Zubereitungszeit: variiert je nach
Gerätetyp
Pro Brot ca. 2150 kcal/8990 kJ
87 g E, 33 g F, 366 g KH

Buttermilch-Zwiebel-Brot

Die Backform mit dem Kneter in den Brotbackautomaten einsetzen. Die Zutaten in der angegebenen Reihenfolge in die Backform einfüllen.

Anschließend das Basis- bzw. Grundprogramm einstellen und das Gerät starten.

Tipp

Mit frischem Griebenschmalz oder leicht gesalzener Butter ist dieses Brot ideal für eine einfache, aber köstliche Brotzeit.

Schlesisches Brot

Die Backform mit dem Kneter in den Brotbackautomaten einsetzen. Die Zutaten in der angegebenen Reihenfolge in die Backform einfüllen.

Anschließend das Basis- bzw. Grundprogramm einstellen und das Gerät starten.

Tipp

Mit seiner leicht säuerlichen Geschmacksnote passt dieses Brot besonders gut zu allen herzhaften Belägen.

Zutaten für 1 Brot

Für Brotbackautomaten mit
ca. 1000 g Fassungsvermögen

450 ml zimmerwarme Buttermilch
1 El Weißweinessig
1 Tl Salz
2 Tl Honig
250 g Weizenmehl Type 405
250 g Weizenmehl Type 550
1/2 Tl Trockenhefe

Zubereitungszeit: variiert je nach
Gerätetyp
Pro Brot ca. 1880 kcal/7860 kJ
64 g E, 8 g F, 380 g KH

Zutaten für 1 Brot
Für Brotbackautomaten mit
ca. 1000 g Fassungsvermögen

380 ml zimmerwarme Buttermilch
60 ml Sonnenblumenöl
1 El Salz
540 g Dinkelmehl Type 630
1 El Zucker
1 Päckchen Trockenhefe
2 El Sonnenblumenkerne
1 El Sonnenblumenkerne zum
Bestreuen

Zubereitungszeit: variiert je nach
Gerät
Pro Brot ca. 2630 kcal/10 990 kJ
74 g E, 80 g F, 400 g KH

Sonnenblumenbrot

Die Backform mit dem Kneter in den Brotbackautomaten einsetzen. Alle Zutaten (bis auf die Sonnenblumenkerne zum Bestreuen) in der angegebenen Reihenfolge in die Backform einfüllen.

Anschließend das Basis- bzw. Grundprogramm einstellen und das Gerät starten.

Das Brot nach dem letzten Knetvorgang mit den restlichen Sonnenblumenkernen bestreuen.

Tipp

Hübsch sieht es aus, wenn Sie das Brot nach dem Kneten mit einer Mischung aus Sonnenblumenkernen und Leinsamen bestreuen.

Rezeptverzeichnis